스티브 잡스는 왜 오징어 게임을 죽였을까?

스티브 잡스는 왜 오징어 게임을 죽였을까?

초판 인쇄 2023년 10월 12일
초판 발행 2023년 10월 17일

지은이 | 조성호
펴낸이 | 김승기
펴낸곳 | ㈜생능출판사 / 주소 경기도 파주시 광인사길 143
브랜드 | 생능북스
출판사 등록일 | 2005년 1월 21일 / 신고번호 제406-2005-000002호
대표전화 | (031) 955-0761 / 팩스 (031) 955-0768
홈페이지 | www.booksr.co.kr

책임편집 | 유제훈 / 편집 신성민, 이종무, 최동진 / 디자인 | 이대범(표지), 강민철(내지)
영업 | 최복락, 김민수, 심수경, 차종필, 송성환, 최태웅, 김민정
마케팅 | 백수정, 명하나

ISBN 979-11-92932-32-3 (13000)
값 19,000원

| 4일 만에 이해하는 IT 지식 |

스티브 잡스는 왜 오징어 게임을 죽였을까?

조성호 지음

ΛL 생능북스

역사는 많은 사건과 인물들의 이야기입니다. 우리가 직접 경험하지 못한 과거의 일들이지만 책, 방송, 인터넷을 통하여 많은 역사적 사건들과 관련 인물들을 알고 있습니다. IT는 어떨까요? IT와 관련된 AI, IoT, XR과 같은 다양한 용어들을 자주 접하게 됩니다만 왠지 낯설고 어렵습니다. 우리는 IT 세상에서 살고 있고, 실제로 사용하고 있지만 IT 용어를 이해하는 것은 힘듭니다.

그래서 서점에는 일반인을 위한 'IT 지식' 책이 넘쳐납니다. 다들 비전공자를 위한 IT 책이라고는 하지만, 어려운 IT 용어로 가득합니다. 경제학, 심리학, 통계학 분야의 책 중 베스트셀러들은 어떨까요? 일반인이 흥미 있어 할 만한 주제들을 쉽게 설명합니다. 특정 지식이나 이론들에 집중하기 전에 우리가 경험했을 법한 일상의 이야기를 통하여 이론에 접근합니다.

일반인을 위한 IT 지식 책을 만든 이유가 여기에 있습니다. 저와 생능출판사는 세상 사는 이야기들을 통하여 누구나 쉽게 읽을 수 있는 IT 책이 필요하다고 생각했습니다. 이 책에서는 누구나 공감할 수 있는 이야기에서 IT 지식을 꺼내려 합니다. 이론에 집중하기보다는 기술이 만들어지게 된 이유를 알려드리려고 합니다.

이 책은 단지 어려운 내용을 생략했기 때문에 쉬워 보이는 책이 아닙니다. 일반인의 눈높이에 맞는 언어로 그들이 재미있어 할 만한 이야기를 만들었습니다. 억지로 IT 기술의 특징과 정의를 이해시키려 하지 않았습니다.

여러분은 딱 4일만 투자하면 됩니다. IT 전공서적이라면 70페이지 분량의 내용을 하루 만에 읽을 수는 없습니다. 그러나 소설이나 수필이라면 하루에 70페이지 정도는 읽을 수 있을 겁니다. 커피 한 잔 마시면서 소설처럼 읽을 수 있는 IT 지식 이야기를 이 책에 담았습니다.

혹시 글을 읽다가 이해되지 않는 부분이 나온다면, 그냥 넘어가도 됩니다. 그 뒤에 또 다른 재미있는 이야기가 있을 테니까요. 편하게 읽으면서 책의 마지막 페이지에 도달하면, IT와 관련된 많은 용어의 의미를 자연스럽게 이해하게 될 것입니다. 더 나아가 우리 주변에 있는 IT 지식들이 새롭게 다가올 것입니다.

저자 **조성호**

IT 트렌드나 개념은 알고 있지만 아직 헷갈리는 모든 분에게 이 책을 추천합니다. 이 책을 읽고 IT 기술의 시작부터 오늘날까지 어떻게 사람들의 생활에 깊이 자리매김하게 되었는지 폭넓은 시야에서 볼 수 있게 해주었습니다. 어렵게 느껴지는 개념이나 이론을 삽화와 일상 속 사례를 통해 쉽게 이해하고 즐겁게 공부할 수 있었습니다.

대학생 김민정 님

일상 속 녹아든 IT 정보에 대해 배우고 싶으신 분에게 추천합니다. 기초적인 IT 용어부터 생활에서 사용되는 IT 지식까지 알차게 들어있는 도서입니다. 이 책을 읽고 나면 내 주변에 있는 IT 기술들을 발견할 수 있을 것입니다.

대학생 김하연 님

평생을 문과로 살아왔던 저에게 있어서 IT는 어려운 용어도 많고 복잡하게 느껴졌습니다. 그랬던 제가 이 도서를 통해 처음으로 IT를 공부하며 재미를 느꼈습니다. 누구나 쉽게 IT를 접할 수 있도록 눈높이를 맞춰 설명하고 있어서 저 같은 비전공자, 일반인도 재미있게 IT의 세계로 빠져들 수 있습니다.

콘텐츠 마케터 이나봄 님

IT 지식에 대해 설명할 때 일반인들에게 익숙하지 않은 용어를 기술적으로 풀어내기보다, 그 기술이 어떠한 맥락에서 탄생하고 변화됐는지, 자연스럽게 IT 지식을 이해할 수 있도록 안내하고 있습니다. 기술을 기술로서 접근하여 설명하기보다는 기술의 필요성과 기술이 발전한 환경에 관해 설명하고 있으며, 스토리가 있는 흐름으로 알기 쉽게 내용이 구성되어 있습니다.

보안 컨설턴트 베타리더 님

'아, 이 사람들! 대체 무슨 이야기를 하는 거지?'

많은 사람이 아무렇지도 않게 사용하는 IT 용어들을 나만 모르는 것 같다는 소외감을 느낄 때가 이 책을 펼칠 때입니다. 모르는 용어를 인터넷 검색을 통해 학습하려면 내용이 너무 부실하거나 내용은 좋으나 알아들을 수 없을 정도로 어려운 경우를 많이 경험하셨을 겁니다.

이 책에서는 IT 기술을 누가 읽어도 쉽게 이해할 수 있도록 설명하고 있습니다. AI, IoT, P2P, NFT 등 우리가 익숙하지만 잘 모르는 IT 기술들에 대해 실제로 우리 삶에 적용되는 사용 사례부터 가볍게 시작하여 IT 기술의 내용까지 구체적으로 학습할 수 있습니다.

현대자동차 진일웅 님

현대 사회는 IT 기술 없는 세상은 상상조차 할 수 없게 되었고 미국 주식의 시가총액 1위부터 5위까지가 IT 관련 기업들입니다. 우리나라도 이러한 열풍을 이어받아 문과생이라도 IT 개발자가 되려고 하는 사람들이 많습니다. 하지만 넓은 바다 같은 IT 세상에서 어떠한 분야가 있고 어떤 IT 지식을 체계적으로 쌓아야 하는지 잘 모르는 경우가 많습니다. 비전공자이지만 IT에 관심이 많은 사람 또는 컴퓨터 공학도를 생각하는 분에게 강력히 추천합니다. 하드웨어와 소프트웨어, 더 나아가 빅데이터와 보안 같은 내용들이 아주 쉽게 설명되어 있습니다.

데이터 분석가 홍연수 님

이 책이 만들어지기까지 김민정, 김하연, 방정아, 이나봄, 이수정, 임지민, 진일웅, 허세영, 홍연수 님 등 10명의 베타리더 분이 수고해주셨습니다.

목차

DAY 2 | 소프트웨어

DAY 3 | 데이터

IT 세상 속에서 편하게 놀기

지금은 IT 세상이라는 것을 누구도 부정할 수는 없습니다. IT 관련 서적, 뉴스, 동영상이 넘쳐납니다. 컴퓨터, 하드웨어, 소프트웨어, 인터넷, SNS, 인공지능AI 등은 너무나 친숙한 단어가 되었습니다. 그러나 조금만 깊이 들어가 보면 상황은 달라집니다. 딥러닝, 확장현실XR, 빅데이터, 사물인터넷IoT, 임베디드 시스템, 반도체 파운드리, 클라이언트/서버, P2P, 클라우드 컴퓨팅, 블록체인, 메타버스, 대체 불가능 토큰NFT과 같이 알 듯 말 듯한 단어들도 있습니다. 스파게티를 만드는 방법을 모른다고 해서 그 맛을 즐길 수 없는 것은 아닙니다. 마찬가지로 기술을 모른다고 할지라도 IT 기술을 사용하는 데는 큰 문제가 없습니다. 그러나 미래의 변화를 예측하고 지금의 세상을 좀 더 즐기기 위해서 IT와 관련된 단어들의 의미를 알아야 하는 세상에 살고 있습니다.

　인터넷, 유튜브, 뉴스, 관린 서적을 뒤저보면서 IT 관련 기술에 대한 다양한 설명을 접할 수 있습니다. 내용을 읽다 보면 전공자인 저조차도 답답한 마음이 듭니다. 시작은 쉬웠으나 그 끝은 간단하지 않더군요. 알파고가 이세돌을 이겨서 유명해진 인공지능을 보죠. 개인 비서, 넷플릭스나 쇼핑몰의 추천 시스템, 자동번역 시스템, 챗GPT 등과 같이 인공지능이 널리 사용되고 있습니다. 그러나 기계학습(머신러닝)과 딥러닝의 차이, 빅데이터와 인공지능과의 관계, 뇌의 뉴런을 모방한 다양한 종류의 딥러닝 알고리즘에 대한 설명이 나올 때쯤엔 머리가 아파집니다. 공학자들에게 중요한 기술과 이론들이 일반인에게는 부담이 될 수 있습니다. 일반인에게 필요한 것은 기술 자체보다는 기술과 기술 사이의 연관성을 이해하고 미래의 발전 방향을 예측하는 것입니다.

자동차를 생각해 보죠. 삼각별로 유명한 메르세데스 벤츠의 설립자인 카를 벤츠가 1879년에 내연기관을 상용화합니다. 그 후 내연기관이 발전하여 현재의 자동차 엔진이 됩니다. 엔진에 사용되는 연료로는 휘발유, 디젤, LPG가 있습니다. 디젤은 휘발유보다는 에너지 효율도 좋고 힘도 좋아서 버스나 트럭 같은 대형차에 사용됩니다. 디젤 엔진은 일반 승용차까지 적용되었지만, 자동차 회사들이 배출가스량을 조작했다가 디젤게이트가 발생했습니다. 사실, 휘발유, 디젤, LPG 모두 석유 화합물을 기반으로 하고 있어 매연 문제에서 벗어날 수 없습니다. 그래서 최근에 주목받고 있는 자동차가 모터와 배터리를 이용한 전기 자동차입니다. 지금은 충전 속도, 충전소 부족, 배터리 효율 문제가 있지만 앞으로 전기 자동차가 대세임은 자명합니다.

전기 자동차가 많이 보급되면 기존의 주유소는 전기 충전소로 대체될 것이며, 엔진과 변속기와 같은 많은 부품은 모터와 배터리, 그리고 전기 자동차를 움직이는 소프트웨어로 대체될 것입니다. 엔진이 장착된 자동차는 IT 없이도 움직였지만, 전기 자동차는 IT 기술 없이 작동하지 않습니다. 전기 자동차 시대에 적응하지 못하는 기존의 자동차 관련 부품 업체들은 사라질 겁니다. 반대로 배터리 관련 회사와 자동차 관련 소프트웨어를 개발하는 회사들은 지속적으로 성장할 것입니다.

여기까지 다 이해했죠? 일반인을 위한 자동차 설명은 이 정도까지가 딱 좋습니다. 휘발유 엔진과 경유 엔진의 차이점, 매연 저감장치 DPF와 요소수의 관계, 질소 화합물과 디젤 게이트의 역사 등을 설명할 필요는 없습니다. 시중에 나와 있는 IT 지식 관련 서적이 이렇습니다. 일반인을 위한 책인 것 같지만, IT 전문가들이 알아야 할 이야기를 포장지만 바꿔놓은 것 같습니다.

일반인을 위한 IT 지식 이야기

일반인에게 IT 기술을 설명하는 것도 마찬가지입니다. 기술 자체의 중요성보다는 기술이 적용된 맥락을 살펴봄으로써 기술이 실생활에 어떻게 이용되고 확산되는가를 이해하는 것이 중요합니다.

지금의 IT 환경이 만들어진 큰 흐름을 생각해 보죠. 군사적인 목적으로 컴퓨터가 탄생한 이후로 회사에서 업무용으로 사용됩니다. 스티브 잡스가 개인용 컴퓨터 PC: Personal Computer를 만들면서 누구나 컴퓨터를 소유하는 세상이 열렸습니다. 인터넷이 보급되면서 세상의 모든 컴퓨터가 하나로 연결됩니다. 그래서 기존의 오프라인 offline에서 이루어진 작업들이 온라인 online에서 이루어집니다. 무선 통신 시스템의 발달로 핸드폰이 대중화됩니다. 더 나아가 스마트폰이 무선 인터넷에 연결되어 휴대용 컴퓨터가 됩니다. 이제는 누구나 가지고 있는 스마트폰으로 모든 업무를 볼 수 있는 세상이 되었습니다. 큰 줄기로 보면 자동차의 변화와 마찬가지로 IT 환경의 변화도 쉽게 이해할 수 있습니다.

현재 최고의 기업들을 보면 IT 기술의 미래가 보입니다. 다음 그림은 finviz.com의 화면으로 미국에 상장된 주식의 현재 시세를 알려줍니다. 사각형 면적이 클수록 시가총액이 큰 회사입니다. 가장 큰 사각형이 AAPL인데 애플입니다. GOOG는 구글, MSFT는 마이크로소프트, NVDA는 엔비디아, AMZN은 아마존, TSLA는 테슬라, META는 페이스북입니다. 페이스북은 회사 이름을 메타 Meta로 변경하였습니다.

미국 상장기업 시가총액 비교[1]

IT 기업인 애플, 구글, 마이크로소프트, 아마존, 엔비디아, 테슬라, 페이스북의 이름을 모르는 분은 없을 겁니다. 이 책에는 유명한 IT 기업들이 어떻게 성장했는지를 이야기합니다. IT와 관련된 기업들의 흥망성쇠는 마치 삼국지에 등장한 유명한 전투에 비견할 만큼 흥미롭습니다. 일상 속의 IT 이야기에 IT 기업 간 치열한 싸움의 결과를 섞어서 이 책을 만들었습니다.

IT 기술을 이루는 하드웨어, 소프트웨어, 운영체제, 통신, 인터넷에 관한 이야기와 함께 빅데이터, 인공지능, 클라우드 컴퓨팅, P2P, 메타버스, NFT와 같은 최신 기술을 설명하려고 합니다. 기술의 특징을 설명하기보다는 기술이 만들어진 배경부터 접근하려고 합니다. 하지만 시간 순서대로 나열되는 지루한 역사를 이야기하려는 것은 아닙니다.

---

1   출처: https://finviz.com

이 책에서는 2진법이나 10진법을 구구절절 설명하기보다는 왜 컴퓨터가 2진법을 사용하게 되었는지 설명합니다. 운영체제가 어떻게 구성되는가보다는 왜 윈도우는 돈을 내고 구매해야 하고 안드로이드는 공짜로 업그레이드해 주는지를 이야기합니다. 스티브 잡스가 언제 아이폰을 출시했는지보다는 사람들이 왜 아이폰에 열광하는지를 알려드리려고 합니다. 내비게이션의 길찾기 알고리즘을 설명하기보다는 어떻게 막히는 길을 찾는지를 이해시켜 드리려고 합니다. 가장 근본적인 질문으로부터 IT 기술이 만들어지고 확산되는 과정을 보게 될 것입니다.

기술과 연관된 이야기를 하다 보면 기술에 대한 정의, 내용의 출처, 관련 이슈들이 생깁니다. 이런 부가적인 설명들은 글의 흐름을 방해하고 내용을 어렵게 보이게 합니다. 이 책을 읽는 모든 분들이 편안하게 내용을 보실 수 있도록 부가적인 내용들은 각주로 처리하였습니다. IT 관련 지식을 어느 정도 습득하신 분들이나 기술에 대하여 좀 더 깊게 알고자 하는 분들은 각주의 내용을 따라가시면 됩니다. 각주를 제외한 대부분의 내용들은 남녀노소를 막론하고 편하게 읽을 수 있도록 구성하였으니, 가볍게 커피 한 잔 하면서 IT 세상으로 여행을 떠나 보시죠.

스티브 잡스는 왜 오징어 게임을 죽였을까?

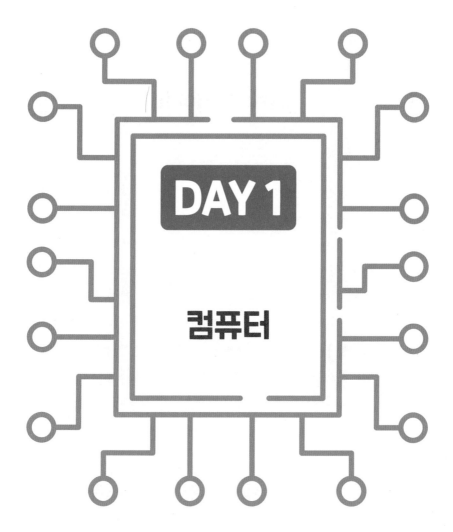

DAY 1

컴퓨터

1장

컴퓨터 이해하기

세상의 중심에서 혁신을 외치다

2007년 6월 29일, 애플 스토어 앞은 많은 인파로 북적거렸습니다. 이 날은 애플이 아이폰iPhone을 세상에 처음 선보인 날입니다. 그날 애플 스토어를 방문했던 사람들에게 아이폰은 다른 제품보다 더 작고 예쁜 핸드폰 정도였습니다. 아이폰을 개발한 스티브 잡스Steve Jobs 조차 전 세계에 산업에 미칠 변화의 크기를 알지 못했을 겁니다.

본래 핸드폰은 이동 중에도 전화를 걸거나 받을 수 있도록 만들어진 통신기기입니다. 당시에는 사무실 업무는 개인용 컴퓨터PC로 보고, 이동 중 통화할 때는 핸드폰을 사용했습니다. 이메일을 주고받고 메신저로 채팅하고 검색엔진을 사용하고 SNS로 친구와 소통하고 물건을 구매하는 모든 일은 개인용 컴퓨터에서 이루어졌습니다. [1] 물론 2000년 초반에도 핸드폰으로 인터넷이 가능했습니다. 그러나 사용

---

1 한국에서 웹메일은 깨비메일과 한메일(현재의 다음 메일), 메신저는 MSN 메신저(현재의 윈도우 라이브 메신저)와 네이트온, 검색엔진은 구글과 알타비스타, SNS는 싸이월드, 아이러브스쿨, 네이버 밴드, 온라인 쇼핑은 인터파크와 옥션이 대표적이었다.

이 불편했고 요금은 터무니없이 비쌌습니다. 그러니 시간을 다툴 만큼 중요한 일이 아니라면 핸드폰에서는 인터넷을 사용하지 않았습니다.

2000년대 중반까지도 전 세계 핸드폰 시장의 절대 강자는 노키아 Nokia였고, 2위는 모토로라 Motorola였습니다. 아이폰이 출시되기 1년 전인 2006년의 세계 핸드폰 판매량을 보면, 노키아 34.8%, 모토로라 21.1%로 두 회사의 판매량을 합치면 55.9%나 됩니다. 핸드폰 2대 중 1대는 노키아나 모토로라 제품이었습니다. 당시 삼성의 점유율은 11.8% 정도였습니다.

2006년 세계 핸드폰 판매량 [2]

당시 애플은 컴퓨터와 노트북을 만드는 회사였고, 핸드폰을 만든 경험이 전혀 없었습니다. 핸드폰 생산 공장도 없었기 때문에 애플은 제품 설계와 판매만 하고 생산은 외부에 맡겼습니다. 컴퓨터만 만들던 애플이 선보인 아이폰의 인기는 폭발적이었습니다. 기존 핸드폰

---

2 출처: https://en.wikipedia.org/wiki/List_of_best-selling_mobile_phones

제조사들은 통신 기능에 특화된 핸드폰만 제조했지만, 애플은 스마트폰이라는 손 안의 컴퓨터를 대중화시켰습니다. 아이폰의 4번째 모델인 4S는 2011년에 전 세계에서 가장 많이 팔리는 핸드폰이 되었습니다. 아이폰 판매 후 불과 4년 만에 전 세계 1등이 된 겁니다. 이후 지금까지 애플과 삼성이 엎치락뒤치락하면서 전 세계 핸드폰 시장 점유율 1, 2위를 다투고 있습니다. 반대로 노키아는 판매 부진을 견디지 못하고, 2013년에 핸드폰 사업부를 마이크로소프트에 매각합니다. 전 세계를 주름잡던 노키아가 스마트폰으로 변화한 핸드폰 시장에 적응하지 못하고 망하기까지 아이폰 발매 이후 6년밖에 걸리지 않았습니다. [3]

여기서 우리가 관심을 가져야 할 것은 아이폰의 시장 점유율이 아닙니다. 전화기에 불과했던 핸드폰을 컴퓨터에 버금가는 스마트폰으로 변신시킨 아이폰의 힘에 주목해야 합니다. 핸드폰은 단순한 이동통신 기계에 불과했지만 스마트폰은 걸어 다니는 컴퓨터입니다. 과거 개인용 컴퓨터에서 이루어지던 모든 작업이 이제는 스마트폰에서 이루어집니다. 더 나아가 위치를 파악하여 배달시키고, 실시간으로 교통량을 파악하여 목적지를 안내하고, 외국어를 자동으로 번역하고, 지문 인식만으로 돈을 보낼 수 있는 것처럼 개인용 컴퓨터에서 하기 어려웠던 작업조차 스마트폰에서는 가능해졌습니다. 그 시작점이 아이폰입니다.

---

3 핀란드 기업인 노키아는 1998년에 전 세계 1위 통신기업인 모토로라를 꺾고 세계 최고의 통신회사가 되었다. 하지만 2007년 이후 스마트폰 시장의 급속한 성장에 대처하지 못하고 핸드폰 사업에서 철수했다. 2011년 아이폰 4S가 판매량 1위를 차지한 시점에는 노키아의 매출이 4년 만에 89% 감소하였다.

스티브 잡스, 오징어 게임을 죽이다

1977년 6월 10일에 애플 II Apple II가 세상에 공개됩니다. 애플 II는 소위 PC라 불리는 개인용 컴퓨터이며, 애플 II를 만든 공동 창업주 중 한 사람이 스티브 잡스입니다. 많은 사람이 이때를 IT 세상의 시작점으로 봅니다. 세계 최초의 컴퓨터 중 하나로 알려진 에니악ENIAC 이 작동하기 시작한 것이 1947년이었습니다.[4] 1947년이 아닌 30년이 지나 애플 II가 나온 시점을 IT의 시작점으로 보는 이유는 무엇일까요?

에니악은 포탄의 탄도 계산을 위해 만들어진 계산기였습니다. 군사 목적으로 처음 만들어진 컴퓨터는 이후 은행·기업의 회계 업무, 과학 분야 등 계산이 많이 필요한 분야로 급속도로 퍼집니다. 그러나 1970년대까지 컴퓨터는 매우 비싼 기계였으며, 전문가들만이 작동시킬 수 있어서 일반인과는 거리가 멀었습니다.

새로운 산업이 꽃을 피우기 위해서는 많은 사람이 이용할 수 있는 환경이 만들어져야 합니다. 1970년대까지도 컴퓨터는 IT 환경에서 대중적이지 않았습니다. 그런데 개인용 컴퓨터인 애플 II로 인하여 누구나 컴퓨터를 소유하고 사용할 수 있는 세상이 열렸습니다. 그래서 애플 II를 IT 환경의 시작이라고 이야기합니다.

예를 들어 최초의 무선통신 기계는 무전기입니다. 무전기는 지금도 군대나 경찰, 공사 현장에서 사용되는 기계입니다. 무전기의 존재를 알고는 있지만 사용해 본 경험이 있는 일반인은 많지 않을 겁니

---

4 에니악(ENIAC)은 Electronic Numerical Integrator And Computer의 약자이며 1943년에서 1946년까지 3년 동안 제작되고, 1947년부터 1955년까지 사용되었다.

다. 그래서 지금의 이동통신 환경의 시초를 무전기가 아닌 핸드폰이라 이야기합니다. 참으로 놀라운 것은 IT의 시작점인 PC를 개발한 사람도, 스마트폰을 개발하여 4차 산업의 시작점을 만든 사람도 스티브 잡스였습니다.

업무용으로 사용되던 컴퓨터가 가정에 보급되기 시작한 이유는 무엇일까요? 어느 날 갑자기 일반인들이 엑셀로 업무를 보고 문서 편집기로 문서를 만들어야 할 필요성이 생겨서일까요? 개인용 컴퓨터가 보급되기 시작한 1970년대 말로 돌아가 보죠. 당시 아이들의 놀이로는 구슬치기, 딱지치기, 숨바꼭질, 무궁화꽃이 피었습니다, 오징어 게임, 다방구[5]와 같은 것이 있었습니다. 이것을 소재로 만들어진 것이 넷플릭스 시리즈인 〈오징어 게임〉입니다.

골목과 공터에서 아이들이 삼삼오오 모여서 하는 놀이 외에 동네마다 전자오락실이 하나씩 생겨났습니다.[6] 당시 유명한 게임으로는 스페이스 인베이더, 갤러그, 제비우스, 팩맨, 동키콩 등이 있습니다. 아이들은 오징어 게임과 같은 기존의 놀이보다는 전자오락실의 게임에 관심이 더 많았습니다.

---

5 술래잡기 게임 중 하나이며 부산에서는 '다망구'라고 불렸다.

6 전자오락실과 같은 특정한 장소에서 돈을 넣고 일정 시간 동안 게임을 즐길 수 있는 것을 아케이드 게임(arcade game)이라 부른다.

전자오락실의 스페이스 인베이더 게임(왼쪽)과 가정용 게임기(오른쪽)

전자오락실 게임의 인기에 힘입어 집에 있는 TV와 연결하여 게임을 즐길 수 있는 가정용 게임기가 개발되었습니다.[7] 가정용 게임기는 본체에 게임 팩을 꽂으면 실행되는 형태였습니다. 가정용 게임기 본체의 가격도 비쌌을 뿐 아니라 게임 팩 가격도 만만치 않았습니다. 그래서 가정용 게임기는 부잣집 아이들이나 가질 수 있는 기계였습니다.

전자오락실의 게임기, 가정용 게임기, 개인용 컴퓨터를 구성하는 부품들은 거의 비슷합니다. 본체와 모니터로 구성되며, 게임기의 경우 입력장치로 조이스틱을 사용합니다. 개인용 컴퓨터의 경우 입력장치로 키보드가 주로 사용되었습니다. 3가지 기계의 가장 큰 차이점은 소프트웨어를 저장하는 방법입니다. 전자오락실용 게임기는 소프트웨어를 포함하여 하나의 기계로 구성됩니다. 그래서 전자오락실 주인들은 여러 개의 서로 다른 게임기를 구매하여 아이들을 유혹했습니다. 가정용 게임기는 게임 팩 안에 게임 소프트웨어가 저장됩니다. 그래서 새로운 게임을 하려면 게임 팩을 구매해야 했습니다. 개

---

7 1970년 당시 가장 유명한 게임 콘솔 회사는 미국의 아타리(Atari)였다. 세계 최초의 비디오 게임인 퐁(Pong)을 만드는 것을 시작으로, 아케이드 게임과 가정용 게임기를 만들었다. 스티브 잡스는 아타리에서 근무하면서 스티브 워즈니악을 만났고 둘이 합심하여 애플을 창업한다.

인용 컴퓨터인 애플 II는 초기 저장장치로 카세트테이프를 사용했습니다.[8]

애플 II, 조이스틱, 카세트테이프의 모습

개인용 컴퓨터가 급속도로 보급된 이유는 바로 저장장치로 쓰였던 카세트테이프 때문입니다. 카세트테이프는 복사하기 쉽습니다. 그래서 개인용 컴퓨터 한 대만 사면 카세트테이프를 복사하여 수십 가지의 게임용 소프트웨어를 마음대로 사용할 수 있었습니다. 카세트테이프 이후 저장장치로 사용된 플로피 디스크도 복사하기 쉬운 것은 마찬가지였습니다. 애플 II 한 대만 있으면 전자오락실을 기웃거리거나 게임 팩을 사기 위해 부모님께 조를 필요가 없어졌습니다.

또한 한국에서는 교육용 컴퓨터를 보급하는 정책을 펼쳤고, 각 학교에서는 전산 교육을 시작하였습니다. 그래서 컴퓨터는 게임기가 아닌 공부에 필요한 물건처럼 보였습니다. 가정용 게임기보다 전산 교육을 위해 컴퓨터를 사달라고 해야 부모님을 설득하기 쉬웠습니

8　컴퓨터의 저장장치는 카세트테이프 → 플로피 디스크 → 하드 디스크로 발전하였다.

다. 아이들에게 애플 II는 산타의 선물 같은 것이었지만, 게임 개발업체의 입장에서는 세상에 나오면 안 되는 물건이었습니다.

스티브 잡스가 의도했든 아니든 간에 아이들 방에는 구슬이나 딱지 대신 게임용 소프트웨어가 자리를 꿰찼고, 아이들은 오징어 게임을 하기보다는 친구 집에 모여 앉아 게임을 즐기게 되었습니다. 반대로 가정용 게임기 업체들은 쇠퇴하기 시작합니다. [9]

애플 II가 게임기로 팔린 것이 거짓말 같다고요? 일반인이 문서 편집과 같은 다양한 작업에 컴퓨터를 활용하기 시작한 것은 개인용 컴퓨터가 보급되고 한참이 지나서입니다. 예를 들어 아래아 한글 HWP이

---

9 당시 최대의 가정용 게임기 회사인 아타리의 성공과 몰락, 개인용 컴퓨터의 영향에 대한 이야기는 나무위키의 '아타리 쇼크'(https://namu.wiki/w/아타리 쇼크) 항목에 자세히 언급되어 있다.

처음 만들어진 것은 1988년입니다. [10] 외국에서 만든 문서 편집기가 있었지만, 한국 사람들이 가장 많이 사용하는 문서 편집기는 애플 II 컴퓨터가 만들어지고도 10년이 지나서야 세상에 나왔습니다. 다시 말해 개인용 컴퓨터가 보급될 당시에는 일반인은 지금과 같은 방법으로 컴퓨터를 사용하고 있지 않았습니다. 그러나 사용자가 늘어남에 따라 다양한 소프트웨어들이 개발되고 컴퓨터의 활용도가 높아지면서 현재와 같은 컴퓨터 환경이 만들어지게 됩니다.

개인용 컴퓨터가 초기에는 게임기를 대신했다는 사실은 중요하지 않습니다. 중요한 것은 개인용 컴퓨터가 많은 사용자를 끌어들였다는 것입니다. 처음 시작이 무엇이었든 간에, 특정 산업이 꽃을 피우기 위해서는 많은 수의 사용자가 필요합니다. 많은 사람이 모이게 되면 다양한 요구가 분출되고, 요구를 해결하는 방향으로 산업이 발전합니다. 개인용 컴퓨터뿐 아니라 앞으로 보게 될 인터넷, 인공지능, 블록체인도 이러한 과정을 거쳐 우리 생활에 깊숙이 파고들어 새로운 산업을 꽃피웠습니다. 이렇게 특정 서비스나 하드웨어가 많은 사용자를 바탕으로 다양한 산업이 추가되어 발전하는 형태를 플랫폼 platform이라고 부릅니다.

플랫폼은 기차역 승차장을 말합니다. 기차와 기차를 타려는 승객들이 만나는 장소입니다. 다시 말해 서비스에서 제공자와 이용자가 만나는 공간입니다. 많은 이용자가 오가게 되면 새로운 산업이 생겨납니다. 기업들은 광고판을 통하여 제품을 홍보하려 하고, 주변에 다양한 식당들이 생기고, 백화점이나 영화관도 들어섭니다.

---

10 아래아 한글은 이찬진 씨가 세운 '한글과컴퓨터'에서 만든 문서 편집기이다.

플랫폼은 기차를 이용하는 사람이 모이는 장소를 말해.

IT에서 플랫폼은 많은 이용자를 바탕으로 다양한 서비스가 결합되는 환경이야.

플랫폼의 의미

IT에서 플랫폼은 본래의 서비스에 추가되어 다양한 서비스로 확장되는 기반을 의미합니다. 카카오톡을 보면 쉽게 이해할 수 있습니다. 채팅 프로그램으로 시작한 카카오톡은 사용자가 늘어나자 광고, 은행, 택시 서비스로 확장되었습니다. 애플 II도 마찬가지입니다. 개인용 컴퓨터 시장이 열리자 일반인을 상대로 하는 다양한 소프트웨어 개발 회사들이 생겨나고 다양한 프로그램들이 개발되면서 컴퓨터는 만능상자가 되었습니다. 따라서 스티브 잡스의 애플 II는 IT 환경과 컴퓨터 플랫폼의 시작점입니다.

좋은 레시피가 맛있는 요리를 만든다

세계 최초의 컴퓨터 중 하나로 손 꼽히는 에니악은 계산기에 가까웠습니다. 그런데 계산기라 부르지 않고 컴퓨터라 부르는 이유는 무엇일까요? 바로 무한한 변신 가능성 때문입니다. 일반적인 기계는 초기에 설계될 당시의 기능 이외에는 추가적인 기능을 구현하기 어렵습니다. 그러나 컴퓨터는 소프트웨어를 설치함으로써 다양한 기능을 사용할 수 있습니다. 예를 들어 가정용 게임기는 게임 팩을 실행하는 것 이외에 다른 작업을 하지 못합니다. 그러나 애플 II는 소프트웨어만 설치하면 게임기, 문서 편집기, 음악 플레이어로 사용할 수 있습니다. 핸드폰과 스마트폰을 비교해봐도 이를 쉽게 알 수 있습니다. 과거의 핸드폰은 전화를 걸고 받는 것 이외에 특별한 기능이 없습니다. 그러나 현재의 스마트폰은 소프트웨어를 설치해서 게임도 하고 동영상도 감상하고 은행 업무도 볼 수 있습니다. 그래서 **컴퓨터는 프로그래밍이 가능한 기계**라 정의합니다. 에니악도 프로그램만 변경하면 다양한 계산을 할 수 있었기 때문에 계산기가 아닌 컴퓨터라고 부릅니다. [11]

컴퓨터와 임베디드 시스템

컴퓨터의 이러한 변신 가능성은 기존의 제품에도 영향을 미쳤습니다. TV에 컴퓨터를 넣으니 인터넷이 가능해지고, 넷플릭스도 볼 수 있게 되었습니다. 이를 스마트 TV라고 부릅니다. 시계에 컴퓨터를 넣으니 맥박수노 재수고, 수면 상태도 확인해 주며 길도 찾아줍

---

11 에니악은 연결된 전선 회로를 변경하여 프로그램을 대신하였다. 이렇게 전선의 연결을 변경하여 프로그램을 대신하는 방식을 '하드 와이어링(hard wiring)'이라고 부른다.

니다. 이를 스마트 시계라고 부릅니다. 자동차에 컴퓨터를 넣으니 알아서 운전하고 위험한 상황에서 자동으로 차를 세웁니다. 이를 스마트 자동차라고 부릅니다. 이렇게 제품에 삽입되어 기능을 향상시키는 컴퓨터를 **임베디드 시스템**embedded system 혹은 임베디드 컴퓨터라고 합니다.

컴퓨터는 계산기와 달리 하드웨어 hardware와 소프트웨어 software로 구성됩니다. 컴퓨터가 다양한 기능을 가지게 되는 것은 소프트웨어 때문입니다. 문서 프로그램을 사용하면 문서 작성기가 되고, 음악 재생 프로그램을 사용하면 오디오가 되고, 은행 프로그램을 사용하면 은행 단말기처럼 작동합니다. 다양한 종류의 프로그램을 통칭하여 소프트웨어라 부르는데 이것이 컴퓨터 작업의 핵심입니다.

컴퓨터의 작업은 요리와 닮았습니다. 요리를 하기 위해서는 레시피가 필요합니다. 레시피란 재료들의 조리 방법, 순서, 절차, 시간을 모아 놓은 것입니다. 라면 봉지 뒤에 라면을 끓이는 방법이 쓰여 있는데, 이것이 바로 레시피입니다. 레시피만 있다고 해서 요리가 만들어지는 것은 아닙니다. 레시피에 적혀 있는 재료들을 준비하고 순서와 절차에 맞추어 조리 과정을 거치면 요리가 완성됩니다. 재료나 레시피에 따라 전혀 다른 요리가 되기도 하고, 어떤 조리 기구(하드웨어)를 사용하느냐에 따라서 맛이 달라집니다. 같은 고기를 굽더라도 프라이팬, 숯불, 에어 프라이어로 조리하는 도구가 맛에 영향을 미치는 것과 같은 원리입니다.

요리와 소프트웨어 비교

컴퓨터 프로그램(소프트웨어)은 컴퓨터가 해야 하는 작업의 순서
와 절차들을 레시피처럼 모아놓은 것입니다. 프로그램은 하드 디스
크와 같은 저장장치에 보관되어 있습니다. 프로그램이 작동하기 위
해서는 실행시켜야 합니다. 문서작성 프로그램을 실행시키면 문서
를 만들 수 있고, 동영상 프로그램을 실행시키면 영화나 드라마를 볼
수 있고, MP3 플레이어를 실행시키면 음악을 들을 수 있습니다. 데
이터들은 문서가 되기도 하고, 동영상이 되기도 하며, 음악이 되기도
합니다. 같은 게임을 하더라도 그래픽 카드(하드웨어)에 따라 더 선
명하고 실감 나는 게임을 즐길 수 있습니다. 그래서 게임을 좋아하는
분들은 비싼 그래픽 카드를 구매합니다.

같은 재료라도 어떻게 조리하느냐에 따라 다른 요리가 되듯이 데이터를 어떻게 처리하느냐에 따라 다양한 결과를 얻게 됩니다. 컴퓨터는 데이터를 처리process하고, 결과를 출력하거나 저장하는 기계입니다. 컴퓨터가 데이터를 처리하면 의미 있는 자료가 되는데, 이를 정보information라고 부릅니다. IT Information Technology; 정보기술는 데이터를 가공하여 가치 있는 정보로 만드는 모든 기술을 의미합니다. 여기에 통신기술이 빠질 수 없기 때문에 '정보통신기술'이라고도 부릅니다. 당연한 이야기지만 좋은 레시피가 좋은 요리를 만들 듯이, 우수한 소프트웨어가 유용하고 가치 있는 정보를 만들어 냅니다.

맛집을 찾아서

컴퓨터에 관한 이야기를 이해하기 위해서는 관련 용어들에 익숙해져야 합니다. 그래서 자주 사용하는 용어들에 대하여 간단히 이야기하려고 합니다.

어느 식당이 맛집일까요?

위 메뉴판을 가진 두 식당 중 어느 쪽이 맛집일까요? 메뉴가 적은 왼쪽이 맛집일 가능성이 큽니다. 이유는 간단합니다. 맛집이라면 당연히 손님이 많을 것이고, 손님에게 음식을 서비스하는 측면이나 재료를 관리하는 측면에서 메뉴가 적은 쪽이 유리하기 때문입니다. 컴퓨터는 기본적으로 계산calculation 또는 연산operation을 하는 기계입니다. 컴퓨터는 계산을 빨리하기 위해 0과 1의 2진법을 사용합니다. 메뉴와 맛집의 관계와 마찬가지로 계산을 빨리 하기 위해서는 2진법이 훨씬 유리합니다.

컴퓨터라는 기계는 계산에 필요한 논리회로를 하나로 묶어 놓은 것입니다. 논리회로는 스위치를 켰다가 끄는 것과 같은 방식으로 작동합니다. 논리회로에서 전기가 통하면 1, 막히면 0이라 인식합니다. 마찬가지로 진공관도 켜지면 1, 꺼지면 0으로 인식합니다. 컴퓨터가 이러한 형태로 구성되다보니 자연히 2진법을 사용하게 됩니다. 그래서 초기의 에니악 컴퓨터는 다음 사진과 같이 진공관과 전선으로 이루어져 있었습니다.

에니악

물론 우리에게 익숙한 10진법을 컴퓨터가 사용하게 할 수도 있습니다. 이 경우 메뉴가 많은 식당처럼 논리회로가 매우 복잡해집니다. 논리회로가 복잡해지면 계산을 빨리 할 수 없습니다. 한마디로 비효율적이죠. 컴퓨터는 인간에게 친숙한 10진법을 입력받고, 계산할 때는 2진법을 사용합니다. 계산의 결과는 다시 10진법으로 알려줍니다. 이 방법이 10진법을 사용하는 논리회로를 구성하는 것보다 훨씬 빠르기 때문입니다.

  2진법을 사용하는 컴퓨터가 표현할 수 있는 가장 작은 데이터 단위를 비트bit라고 부릅니다. 그런데 1비트로 표현할 수 있는 값이 0과 1뿐이라 너무 불편합니다. 표현할 수 있는 값을 늘리기 위해 8비트를 하나로 묶어 사용하며, 그 단위를 바이트byte라고 부릅니다. 따라서 1바이트는 8비트입니다.

  1,000,000,000이라 표기하는 것보다는 10억이라 표시하는 것이 훨씬 편합니다. 마찬가지로 바이트도 킬로Kilo, 메가Mega, 기가Giga, 테라Tera와 같은 단위를 사용합니다. 컴퓨터가 2진수를 사용하기 때문에, 각 단위는 앞 단위보다 정확히 2^{10}배인 1,024배 크기지만, 보통의 경우 1,000배 큰 것으로 생각하면 됩니다. 예를 들어 1테라바이트TB 저장 용량을 가진 하드 디스크는 1기가바이트GB 용량의

USB 메모리보다 1,000배 많은 데이터를 저장할 수 있습니다.

단위	표기	2진 크기	10진 크기	바이트 대비 크기	10진 단위
바이트(Byte)	B	1	1	1B	
킬로바이트(Kilo Byte)	KB	2^{10}	10^3	1,000B	천
메가바이트(Mega Byte)	MB	2^{20}	10^6	1,000,000B	백만
기가바이트(Giga Byte)	GB	2^{30}	10^9	1,000,000,000B	십억
테라바이트(Tera Byte)	TB	2^{40}	10^{12}	1,000,000,000,000B	조
페타바이트(Peta Byte)	PB	2^{50}	10^{15}	1,000,000,000,000,000B	천조

정보의 단위

저장장치에서 바이트는 얼마나 많은 양을 담을 수 있는지를 나타냅니다. 메모리나 하드 디스크의 경우 8GB 메모리, 1TB 하드 디스크 등으로 표시됩니다. [12]

컴퓨터에서 사용하는 진법에는 2진법 이외에도 16진법이 있습니다. 10진법이 0에서 9까지 숫자 10개를 사용한다면, 16진법은 0에서 F까지 숫자와 문자 16개를 사용합니다. 1~9는 10진수와 같고 이후 숫자 6개는 알파벳을 사용하여 10은 A, 11은 B, 12는 C, 13은 D, 14는 E, 15는 F로 표기합니다. 16진법은 컴퓨터에서 바이트를 좀 더 적은 숫자로 표현하는 데 사용합니다. 10진수 255를 2진수로 표현하면 11111111의 8자리가 필요하지만, 16진수로 표현하면 FF의 2자리로 표현할 수 있습니다.

---

12 보통 8기가 메모리, 1테라 하드라고 말하며, 80억 바이트의 데이터를 다룰 수 있는 메모리, 1조 바이트를 담을 수 있는 하드 디스크라는 의미이다.

오케스트라에서 여러 악기를 함께 연주할 때는 박자가 맞아야 제대로 된 소리가 납니다. 컴퓨터로 이루어지는 작업도 마찬가지입니다. 아무렇게나 작업하는 것이 아니라 일정한 박자에 맞추어 작업을 진행합니다.

컴퓨터에서 박자를 만들어 내는 것이 클럭 clock입니다. 한국말로는 시계입니다. 컴퓨터 안에 내장된 클럭(시계)이 일정 간격으로 각 부품에 신호를 보내면 신호에 맞추어 작업을 합니다. [13] 덧셈이나 뺄셈을 하는 것도 데이터를 저장하거나 가져오는 것도 클럭이 보내는 신호에 맞추어 이루어집니다. 따라서 클럭 신호가 자주 발생할수록 작업 속도는 빨라집니다.

헤르츠의 의미

1초 동안의 어떤 변화를 나타내는 단위로 **헤르츠**를 사용합니다. [14] 보통 헤르츠는 Hz라 표시합니다. 1초 동안 클럭 신호가 한 번 발생

---

13 클럭이 만들어 내는 하나의 신호를 클럭 틱(clock tick) 혹은 클럭 펄스(clock pulse)라고 부른다.

14 헤르츠 단위는 전자기학 분야에서 큰 업적을 남긴 독일의 물리학자 하인리히 루돌프 헤르츠(Heinrich Rudolf Hertz)의 이름에서 만들어졌다.

하면 1Hz가 되며, 10번 발생하면 10Hz가 됩니다. 따라서 컴퓨터에서 100Hz라는 의미는 1초 동안 100번의 클럭 신호가 발생했다는 의미이며, 또한 작업이 100번 이루어졌다는 의미입니다.

자동차의 핵심은 빠르게 이동하는 것이며, 자동차의 속도를 결정하는 것은 엔진입니다. 마찬가지로 컴퓨터에서 가장 중요한 일은 데이터를 처리process하는 것이며 이러한 처리를 담당하는 것이 프로세서processor입니다. 컴퓨터의 중앙에서 중요한 처리를 담당하는 프로세서를 중앙처리장치Central Processing Unit, 약자로 CPU라고 부릅니다. 움직이는 컴퓨터인 스마트폰에도 CPU가 들어갑니다. 스마트폰에 사용할 수 있도록 작게 개발된 프로세서를 Application Processor, 약자로 AP라고 부릅니다.

A 자동차가 B 자동차보다 더 빠르게 달릴 수 있다는 것은 무엇으로 알 수 있을까요? 보통의 경우 1,000cc보다 3,000cc의 크기의 엔진을 가진 자동차가 더 빨리 달릴 수 있습니다. 엔진과 마찬가지로 프로세서의 성능이 컴퓨터 전체의 성능을 좌우합니다. 프로세서의 작업 속도는 앞에서 설명한 헤르츠로 표시됩니다. 프로세서의 성능이 3GHz라는 것은 1초 동안에 30억 번의 클럭 틱이 발생한다는 의미입니다. 또한 1초에 30억 번 작업을 할 수 있다는 의미입니다. 따라서 같은 조건이라면 1GHz보다 3GHz의 프로세서가 빠릅니다. [15]

---

15 프로세서의 성능은 클럭 속도보다는 코어(core)의 개수에 영향을 더 받는다. 또한 캐시(cache) 메모리의 크기에도 영향을 받기 때문에 클럭 속도만으로 프로세서의 성능을 이야기하기에는 무리가 있으나, 같은 조건일 경우 클럭 속도가 높은 쪽이 빠르다는 의미이다.

모니터와 헤르츠

　1초 동안의 변화를 나타내는 헤르츠는 다양한 곳에 사용됩니다. 일반적인 모니터는 1초 동안 화면을 60번 그려줍니다. 그래서 60Hz 모니터라고 부릅니다. 요즘 나오는 게임용 모니터는 120Hz 이상입니다. 1초에 120번 화면을 그려주기 때문에 깜빡임이 적고 물체의 이동이 부드럽습니다.

　우리나라는 220V(볼트)에 60Hz 규격의 전기를 사용합니다. 여기서 220V는 전압으로 전기 세기를 나타냅니다. 그렇다면 60Hz는 무엇을 의미할까요? 보통 가전제품에는 +극과 −극이 필요하며, 이렇게 +와 −가 결정된 전기를 직류라고 합니다. 그런데 가정까지 배달되는 전기는 +극과 −극이 계속 교차하는 교류입니다.[16] 교류에서 1초 동안 +극과 −극이 바뀌는 횟수를 나타낸 것이 Hz입니다. 다시 말해 우리나라 전기는 1초 동안 +와 −가 60번 바뀌는 교류라는 의미입니다.

16　총알을 회전시키면 공기나 물체를 뚫고 나가는 성질이 좋아진다. 마찬가지로 +와 −가 결정된 직류는 외부 영향에 취약하기 때문에 +와 −가 번갈아 전송되는 교류를 사용한다. 가전제품은 직류가 필요하기 때문에 교류를 직류로 바꿔주어야 하는데 이 역할을 하는 것은 어댑터이다.

2장

컴퓨터에게 일 시키는 방법

자장면과 짜장면

중국집의 대표 메뉴인 짜장면은 몇 년 전까지만 하더라도 표준어로 자장면이었습니다. 표준어만 사용하는 방송국 아나운서들은 언제나 '자장면'이라 발음했지만, 대부분 일반인은 짜장면이라 불렀습니다. 그래서 누군가 우스갯소리로 "짜장면이 자장면이면 짬뽕은 잠봉이라 부르자"라고 했습니다. 이제는 짜장면도 표준어로 등록되어 자장면과 짜장면 둘 다 사용할 수 있게 되었습니다.

사실 짜장이라 부르던, 자장이라 부르든 간에 의사소통하는 데는 큰 문제가 없습니다. 그러나 컴퓨터에게 일을 시킬 때는 이야기가 달라집니다. 단어와 문법을 정확하게 사용해야 합니다. 우리는 문장의 끝에 마침표를 찍지만, 이메일을 보낼 때 마침표가 빠졌다고 해서 받는 사람이 이해 못하지는 않습니다. 프로그래밍 언어인 C언어로 코드를 작성할 때 문장 끝에는 세미콜론(;)을 찍습니다. 그런데 세미콜론이 빠지면 프로그램은 아예 작동하지 않습니다. 이처럼 컴퓨터는 문법이 완벽해야 올바르게 작동됩니다.

일반인에게 컴퓨터가 어려운 이유는 컴퓨터가 너무 고지식하고 단순하기 때문입니다. 친구에게 "저쪽에 더러운 게 있다."라고 하면 알아서 치워 줄 겁니다. 그러나 컴퓨터가 달린 로봇 청소기는 이해하지 못합니다. "앞으로 1미터 직진하고 오른쪽으로 90도 회전한 후, 다시 앞으로 30cm 직진해! 거기서 청소기를 켜고 먼지를 흡입해!"라고 해야 합니다.

컴퓨터에게 일을 시키는 방법

컴퓨터에게 작업을 시키려면 이렇게 구체적으로 설명해야 합니다. 컴퓨터에게 알려줄 작업을 하나로 모으면 컴퓨터 프로그램이 됩니다. 프로그램이라는 단어가 낯설지는 않을 겁니다. 바이올린 연주회에 가면 입구에서 프로그램을 나눠 줍니다. 오늘 연주회에서 누가 어떤 곡을 연주하는지를 순서대로 적어 놓은 것이 프로그램입니다.

컴퓨터 프로그램에는 작업과 순서가 있다.

컴퓨터 **프로그램**program에는 컴퓨터에게 지시할 명령들과 명령의 결과를 받는 방법들이 모여 있습니다. 따라서 **프로그래밍**programming이란 프로그램을 만드는 작업이라는 의미입니다. 정확하게 이야기하면 여러 프로그램들을 소프트웨어라 부르는데, 현재는 프로그램 혹은 소프트웨어를 혼용해서 사용합니다. 예를 들어 크롬 소프트웨어나 크롬 프로그램 둘 다 사용할 수 있습니다.

사람들은 머릿속에 있는 생각을 문장으로 만들 때 한국어를 사용합니다. 마찬가지로 프로그래밍할 때 사용하는 언어가 **프로그래밍 언어**programming language입니다. 프로그래밍 언어를 사용하여 프로그램을 만든 결과물을 **소스 코드**source code라고 부릅니다. 간단하게 코드라고 부릅니다. 소스 코드란 컴퓨터에게 시킬 작업을 적어 놓은 것으로,

일종의 작업 지시서입니다. 요리로 치면 레시피가 소스 코드입니다.

소스 코드와 기계어

컴퓨터가 사용하는 기계어는 일반인이 이해하기 어렵습니다. 일반인이 이해하기 쉽도록 만든 대표적인 언어는 C언어입니다.[1] C언어는 만들어진 지 오래되었고 강력하기 때문에 많은 사람이 사용하는 프로그래밍 언어입니다. C언어 이외에도 다양한 종류의 프로그래밍 언어가 있습니다. 문법이 단순하고 배우기 쉬워서 요즘 주목받는 프로그래밍 언어는 파이썬Python입니다. 자바Java[2]라는 언어는 개인용 컴퓨터뿐 아니라 스마트폰과 같은 다양한 기기에서 사용 가능하기 때문에 많이 사용되는 프로그래밍 언어 중 하나입니다.[3]

---

1 기계어와 기계어를 문자로 바꿔 놓은 어셈블리어와 같이 기계어에 가까운 언어를 저급언어 (low level language)라 부른다. 이에 비하여 인간이 사용하는 if, for, while과 같은 단어를 사용하여 프로그램을 만들 수 있는 C언어, 파이썬, 자바와 같은 언어를 고급언어(high level language)라 부른다.

2 자바는 객체라는 개념을 도입하여 미리 만들어진 코드를 재사용하기 편하기 때문에 각광받고 있는 객체지향언어(Object−Oriented Language, OOP)이다.

3 아래아 한글의 확장자가 hwp인 것처럼 프로그래밍 언어마다 확장자가 정해져 있다. C언어의 확장자는 c, 자바는 java, 파이썬은 py이다.

가가 가가?

사실 한국어는 우리가 모국어로 쓰고 있어 편하지만, 외국인에게는 상당히 배우기 어려운 언어입니다. 한국인끼리도 사투리는 이해하기 어려운 경우가 있습니다. 경상도에서 '가가 가가?'(억양이 중요하다)는 '그 애가 그 애니?'라는 뜻입니다. '걔가 걔니?'를 경상도식으로 표현한 것입니다.

프로그래밍 언어와 사투리

전산을 전공하지 않은 분들에게는 프로그래밍 언어가 매우 어렵게 느껴질 겁니다. 실상은 인간의 언어보다 프로그래밍 언어를 더 쉽게 배울 수 있습니다. 우리가 외국어를 배울 때 몇 년이 걸리는 반면에 프로그래밍 언어는 몇 개월이면 배울 수 있습니다. 외국어에 비하여 프로그래밍 언어가 쉬운 이유는 프로그래밍에 사용되는 단어가 많지 않고, 정해진 문법대로만 프로그램을 만들면 되기 때문입니다. 프로그래밍 언어를 처음 공부하는 분이라면 파이썬을 추천합니다. 다른 프로그래밍 언어보다 문법이 쉽고, 다양한 곳에 사용되고 있기 때문입니다.

프로그램을 사용하기 위해서는 해당 프로그램을 실행시켜야 합니다. 아래아 한글을 사용하여 문서를 편집하려면 hwp.exe 파일을 실행합니다. [4] 마우스의 왼쪽 버튼을 두 번 누르면 실행이 됩니다. 컴퓨터는 기계어만 인식할 수 있습니다. 따라서 hwp.exe 실행 파일은 기계어로 이루어져 있습니다.

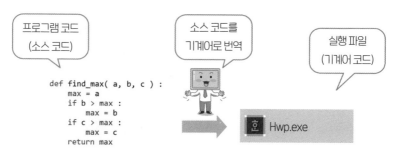

소스 코드 → 기계어 → 실행 파일(exe)

프로그램을 만들 때는 C언어와 같은 프로그래밍 언어를 사용하지만, 실행되는 파일은 기계어로 되어 있습니다. 따라서 텍스트로 이루어진 소스 코드를 기계어로 번역하는 과정이 필요합니다. 프로그래밍 언어를 기계어로 번역하는 과정을 **컴파일**compile이라고 부릅니다. [5] C언어나 자바는 컴파일 과정을 거쳐 실행 파일(기계어 코드)을 만드는 컴파일 언어입니다. 소스 코드를 실행 파일 형태로 바꾸지 않고 바로 실행되는 방식도 있습니다. 이를 **인터프리터**interpreter라 부르는데 자바스크립트Javascript라는 언어가 인터프리터 방식을 사용합니다.

---

4 윈도우의 경우 실행 파일의 확장자는 exe나 혹은 com이다.

5 소스 코드를 컴파일하여 실행 파일을 만들어 주는 소프트웨어를 컴파일러(compiler)라고 부른다. 우리가 사용하는 대부분 프로그램은 컴파일러가 소스 코드를 컴파일하여 만들어낸 기계어 실행 파일이다.

컴파일 언어와 달리 실행 파일을 따로 만들지 않기 때문에 인터프리터 언어가 편해 보일 수 있습니다. 그러나 인터프리터와 비교하여 컴파일 방식은 많은 장점이 있습니다. 컴파일 방식은 요리책의 레시피를 만드는 것과 비슷합니다. 레시피의 위쪽에는 요리에 사용될 재료가 나오고, 아래쪽에는 조리 방식이 나옵니다.

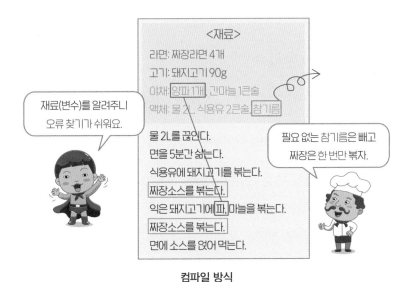

컴파일 방식

레시피 방식에서는 오류가 있으면 찾고, 필요 없는 재료를 삭제하며, 반복되는 작업을 하나로 합칠 수 있습니다. 재료에 양파가 있으나, 레시피에는 파만 있습니다. 재료가 잘못되었다는 것을 알려 수정하게 합니다. 재료에는 들어 있지만 요리에는 사용하지 않는 참기름과 같은 불필요한 재료를 삭제합니다. 또한, 레시피에 '짜장소스를 볶는다'가 두 번 나오는데 이를 하나로 합쳐 작업을 줄입니다. 이처럼 컴파일 방식은 오류를 찾고, 사용하지 않는 재료를 삭제하고, 겹치는 작업을 하나로 합쳐서 최적화된 레시피를 만듭니다. 이러한 장점 때문에 C언어나 자바와 같은 언어들은 컴파일 방식을 사용합니다. [6]

짜장라면을 끓이다

라면은 한국인에게는 거부할 수 없는 소울 푸드입니다. 어느 날, 짜장라면이 먹고 싶어 물을 끓였습니다. 아무 생각 없이 끓는 물에 면과 스프를 넣었습니다. 아뿔사! 짜장스프는 면이 익은 뒤 물을 버리고 넣어야 했습니다. 짜장라면이 아니라 짜장국이 되었습니다. 맛이요? 직접 경험해 보세요. 다신 그런 짓을 못할 겁니다.

알고리즘 algorithm이란 문제해결을 위한 방법과 절차를 모아 놓은 것입니다. 알고리즘이 잘 만들어지면 이세돌을 이기지만, 알고리즘이 잘못되면 먹을 수 없는 짜장국이 됩니다.

프로그램을 만드는 데 가장 중요한 것이 바로 알고리즘입니다. 문제를 해결할 수 있는 알고리즘이 만들어지면, 프로그래밍 언어를 사용하여 소스 코드를 만들고 이를 컴파일하여 프로그램을 만듭니다.

---

6 프로그래밍 언어에서 데이터를 담는 그릇을 변수(variable)라 부른다. 컴파일 언어에서는 코드 상단에 변수를 선언하도록 되어 있다.

따라서 프로그램은 알고리즘을 컴퓨터가 알 수 있도록 구체화한 것입니다.

프로그래밍의
전체 과정이란 이런 것!

문제 해결을 위한 방법과 절차를
모은 것이 바로 '알고리즘'이야!

결국 프로그래밍 전체
과정에서 가장 중요한 것은
'알고리즘'이라는 말씀!

알고리즘 ➡ 소스코드 ➡ 번역 ➡ 실행

알고리즘의 의미

우리가 한글을 배운다고 해서 모두 작가가 되는 것은 아닙니다. 작가가 되기 위해서는 좋은 글을 많이 읽고, 다양한 글들을 써보는 훈련과정이 필요합니다. 한글은 누군가의 생각을 말하거나 글로 남기기 위해 필요한 도구일 뿐입니다. 프로그램을 만드는 것도 마찬가지입니다. 좋은 프로그램을 만들기 위해서는 다양한 문제들을 접하고 해결 방법을 찾아보는 훈련 과정이 필요합니다. 그래야 좋은 알고리즘을 만들 수 있습니다. 좋은 알고리즘이 생각났다면 그것을 C언어를 사용하여 만들던, 파이썬을 사용해서 만들던 중요하지 않습니다. 반대로 알고리즘이 나쁘다면 어떤 언어를 사용하든 간에 좋은 프로그램이 될 수 없습니다. 그래서 프로그래밍에 있어서 핵심은 알고리즘입니다.

좋은 알고리즘이 어떤 것인지 맛을 좀 볼까요? 스무고개 놀이를 해보죠. 스무고개는 상대방은 1에서 20 사이의 숫자를 하나 생각하고 그 숫자를 맞추는 놀이입니다. 상대방이 생각한 숫자는 12입니다. 알고리즘을 사용하지 않는 가장 단순한 방법은 앞에서부터 쭉 찾아가는 것입니다. 1부터 차례로 찾는 경우 12번 만에 찾게 됩니다. 3을 찾는 문제였다면 금방 찾겠지만 19를 찾는다면 시간이 더 오래 걸립니다.

스무고개

스무고개에서 숫자를 빨리 찾을 수 있는 알고리즘을 만들어보죠. 정렬된 숫자에서 반씩 잘라가면서 찾는 겁니다. 전체 숫자 중 중간값(mid)을 찾아보니 10이네요. '10 아니냐?' 외치면 10보다는 큰 값이라고 할 겁니다. 따라서 중간값(10) 이하는 더 이상 생각할 필요가 없습니다. 벌써 숫자의 반이 없어졌네요.

나머지 값 중에서 다시 중간값을 찾아보니 15입니다. '15 아니냐?' 외치면 15보다는 작은 값이라 할 겁니다. 이제는 15보다 더 큰 값은 생각할 필요가 없습니다. 질문 2번 만에 남은 숫자가 4개뿐이라는 게 놀랍지 않습니까?

나머지 값 중에 중간값인 '12 아니냐?'라 외치면 맞는다고 할 겁니다. 이렇게 중간값을 중심으로 숫자를 찾아가면 3번, 많아야 5번만

에 상대방이 생각한 숫자를 모두 맞출 수 있습니다. [7]

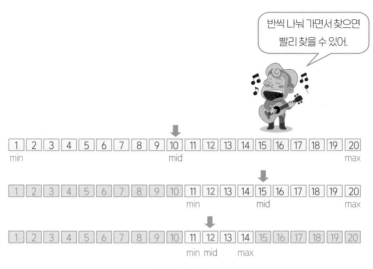

알고리즘을 활용한 스무고개

숫자를 빨리 찾는 것뿐 아니라, 섞여 있는 수들을 순서대로 배열하는 정렬 알고리즘과 여러 길 중 빠른 길을 찾아주는 경로 탐색 알고리즘, 문서에서 원하는 단어를 빨리 찾아 주는 검색 알고리즘과 같이 다양한 알고리즘이 있습니다. [8]

좋은 알고리즘은 적은 노력으로도 문제를 쉽게 풀 수 있게 해줍니다. 알고리즘을 잘 만들기 위해서는 논리적으로 생각할 줄 알아야 합니다. 컴퓨터를 이용하여 문제를 해결하는 논리적이고 창의적인 생

---

7 데이터를 반씩 잘라가면서 특정 값을 찾는 알고리즘을 이진 탐색(binary search) 알고리즘 이라 부른다.

8 정렬 알고리즘으로 삽입 정렬, 선택 정렬, 셀 정렬, 버블 정렬, 퀵 정렬, 힙 정렬이 있고, 탐색 알고리즘으로 경로 탐색, 너비우선 탐색, 깊이우선 탐색과 같은 다양한 알고리즘이 있다.

각 방식을 컴퓨팅 사고Computational Thinking라고 합니다.[9] 그래서 초등학생이나 중학생에게 컴퓨팅 사고와 프로그래밍(코딩) 교육을 시킵니다. 또한 전산 관련 학과의 필수 과목으로 알고리즘(자료구조)을 배웁니다.

컴퓨팅 사고의 의미

　영화나 드라마에서 프로그래머가 키보드 몇 번 두드리면 결과가 나오는 장면이 나옵니다. 그러나 현실에서 그런 일은 없습니다. 숙달된 프로그래머라도 프로그램을 만들 때 많은 종류의 에러error를 만나게 됩니다. 코드에서 발생하는 오류를 버그bug라고 부릅니다. 이 용어는 컴퓨터 초기에 벌레가 컴퓨터에 들어가 고장이 난 것에서 유래되었습니다. 에러가 있으면 이를 찾아 수정해야 합니다. 소스 코드 속의 버그를 찾아 없애는 작업을 디버깅debugging이라고 부릅니다. 프로그램을 만든다는 것은 디버깅 작업의 연속입니다.

9　컴퓨팅 사고는 자넷 윙(Jeannette Wing) 박사가 기고한 논문에서 언급되었으며, 컴퓨터가 효과적으로 수행할 수 있도록 문제를 정의하고 그에 대한 답을 찾는 것이다.

3장

하드웨어 살펴보기

삼성과 애플의 차이

2022년 대한민국의 예산 규모는 608조 원이며, 한국의 대표 기업인 삼성의 2022년 매출은 302조 원입니다. 이는 우리나라 예산의 49.7%에 해당하는 금액으로, 예산 규모의 거의 절반을 차지합니다. 2022년 기준으로 애플의 매출은 504조 원으로 삼성보다 67% 정도 높은 수준입니다. 그런데 매출 차이는 67%이지만 기업 가치에서는 큰 차이가 납니다. 2022년 당시 시가총액을 기준으로 삼성이 398조 원, 애플은 3,000조 원입니다. 애플의 기업 가치가 삼성보다 7배 이상 높습니다. 또한 애플의 가치는 우리나라 예산보다 5배 이상 큽니다.

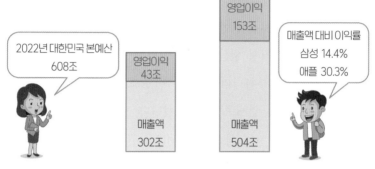

2022년 삼성과 애플의 매출액과 영업이익

주식은 현재의 가치와 미래의 가치를 합쳐 놓은 것입니다. 애플의 기업 가치가 삼성보다 7배 이상 높다는 것이 무엇을 의미할까요? 물론 애플은 미국 기업이고 삼성은 한국 기업이기 때문에 삼성이 절대적으로 불리합니다만 두 기업의 차이를 살펴보죠. 2022년 기준으로 영업이익은 삼성이 43조 원인데 비하여 애플은 153조 원입니다. 매출은 애플이 67% 정도 높지만, 영업이익은 350% 이상 차이가 납니다. 다시 말해 물건을 팔아서 삼성은 14.4%의 이익을 남기지만 애플은 30.3%의 이익을 남깁니다.

삼성은 반도체, 스마트폰, 컴퓨터를 비롯한 각종 가전제품까지 다양한 제품을 생산하는 기업이고, 애플은 스마트폰과 컴퓨터를 생산하는 기업입니다. 삼성의 주력 분야인 반도체를 살펴보죠. 과거 전 세계 반도체 시장의 1등은 인텔이었습니다. 컴퓨터에 들어가는 대부분 CPU는 인텔 제품이었으며, 한때 애플조차 인텔의 CPU를 사용했습니다.

　현재 반도체 시장의 강자는 우리나라 삼성과 미국의 인텔과 대만의 TSMC입니다. 인텔의 경우 CPU를 비롯한 반도체 설계 및 생산을 모두 인텔에서 합니다. 현재는 업체가 반도체를 설계하면 이를 위탁생산업자에게 맡겨서 생산합니다. 이러한 반도체 위탁생산업체를 파운드리 foundry라고 부릅니다. 이제는 반도체 설계를 잘하는 업체와 반도체를 잘 만드는 업체로 나뉘게 됩니다. 반도체를 잘 만드는 파운드리 업체의 최강자가 삼성과 TSMC입니다. 엔비디아 NVIDIA나 퀄컴 Qualcomm은 반도체를 설계만 하고 삼성이나 TSMC와 같은 파운드리에게 위탁생산을 맡깁니다.

　반도체를 잘 만든다고 해서 설계를 잘하는 것은 아닙니다. 삼성은 스마트폰에 들어가는 CPU인 AP를 설계하였는데 이름이 엑시노스 Exynos입니다. 애플도 AP를 설계하였는데 이름은 A16입니다. 애플의 A16에 비하여 삼성의 엑시노스의 성능이 떨어집니다. 그래서 삼성의 Z플립 같은 상위 기종 스마트폰에서는 엑시노스 대신 퀄컴의 스냅드래곤 Snapdragon이라는 AP가 탑재됩니다. 애플은 스마트폰에 자신들이 설계한 AP를 사용합니다. 애플은 한발 더 나아가 컴퓨터와 노트북에서 사용되는 M2라는 CPU를 설계하였는데 인텔의 CPU만큼의 성능을 발휘합니다.

　애플은 스마트폰, 컴퓨터, 노트북을 비롯한 주변장치까지 모두 위탁생산을 합니다. 이에 비하여 삼성은 모든 제품을 자신의 공장에서 생산합니다. 자체 생산하는 삼성보다 애플의 제조비용이 높을 수밖에 없지만, 이익률을 보면 애플이 훨씬 높습니다. 이는 애플이 제품을 비싸게 팔아서가 아닙니다. 애플의 중요한 기술은 자체적으로 개발하고, 제품의 생산을 아웃소싱하기 때문입니다.

삼성과 애플 비교

삼성 스마트폰을 구매했다고 가정해 보죠. AP로는 퀄컴의 제품이 탑재되어 있고, 운영체제는 구글에서 만든 안드로이드가 탑재됩니다. 스마트폰을 이용하는 동안 앱App; Application을 설치해야 하는데 대부분 구글의 플레이 스토어를 이용합니다. 음악도 멜론이나 벅스 등을 이용하죠. 다시 말해서 삼성이 스마트폰을 팔면 퀄컴이 돈을 벌고, 앱이나 게임, 음악 감상을 위해 돈을 쓰면 구글이나 멜론 등이 돈을 법니다.

애플은 AP뿐 아니라 자체 운영체제를 가지고 있으며 앱을 다운로드해 설치할 수 있는 애플 스토어와 애플 뮤직도 있습니다. 따라서 애플은 스마트폰을 팔아서 이익을 보고, 서비스를 이용하기 위해 돈을 지불할 때마다 돈을 버는 구조입니다. 한마디로 하드웨어와 소프트웨어 플랫폼을 모두 가지고 있는 구조입니다. 그러니 이익률이 높을 수밖에 없죠.

삼성 스마트폰은 애플과 같이 콘텐츠를 통하여 이익을 창출하는 구조가 미약합니다. 따라서 스마트폰 판매에 집중할 수밖에 없습니다. 따라서 퀄컴의 AP와 구글의 안드로이드를 사용하는 중국이나 미국의 스마트폰과 계속 경쟁해야만 합니다. AP와 안드로이드의 성능은 동일하기 때문에 새롭게 차별한 것이 Z플립과 같은 접는 스마트폰입니다. 만약 다른 스마트폰 회사들이 접는 스마트폰을 판매하는 경우 또 다른 방식의 스마트폰을 개발해야만 합니다. 이것이 하드웨어를 팔아서 이익을 남기는 삼성과 하드웨어와 콘텐츠의 생태계를 모두 가진 애플의 차이점입니다.

코스 요리에서 중요한 것

어느 코스 요리 전문점의 조회에서 매니저가 직원들에게 당부합니다. "오늘은 특별히 친절하게 해 주세요." 직원들이 물어봅니다. "중요한 손님이 오십니까?" 매니저가 뜸을 들이다 이야기합니다. "아니요. 오늘 들어온 고기가 질겨요."

보통 코스 요리는 애피타이저, 샐러드, 메인요리, 디저트로 구성됩니다. 애피타이저나 디저트가 아무리 맛있어도 메인 요리의 고기가 질기면 만족감은 떨어집니다. 마찬가지로 컴퓨터는 많은 종류의 하드웨어로 구성됩니다만 가장 중요한 부품은 CPU와 메인 메모리main memory입니다. 그래서 컴퓨터 하드웨어에서 CPU와 메모리는 필수장치라고 부르고, 입출력장치와 저장장치는 주변장치라고 부릅니다.

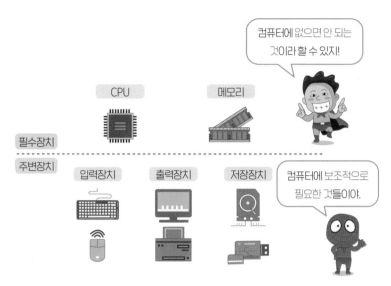

컴퓨터의 필수장치와 주변장치

애플 II 컴퓨터를 다시 보죠. 애플 II 본체에는 CPU와 메인 메모리 그리고 키보드뿐이었습니다. 프로그램은 카세트테이프에 저장했습니다. 키보드를 제외하면 CPU와 메모리가 전부였죠. 거의 모든 컴퓨터 작업은 CPU와 메모리가 처리합니다.

과거에는 그래픽과 관련된 처리를 CPU가 담당하고 그 결과만 그래픽 카드에 전달하였습니다. 최근 들어 3D 게임과 같이 많은 계산이 필요한 프로그램이 늘어남에 따라 그래픽 카드에 GPU Graphical Processing Unit를 달아서 직접 계산하게 되었습니다. GPU란 그래픽용 CPU를 가리킵니다. 중앙에서 데이터의 처리를 담당하는 CPU를 스마트폰에서는 AP Application Processor라고 부릅니다. 스마트폰의 경우 작은 크기에 많은 부품을 넣어야 하기 때문에 CPU, GPU, 통신 모듈을 하나의 패키지에 넣어서 사용합니다. 그래서 스마트폰용 다목적 CPU를 AP라고 부릅니다.

주변장치를 간단하게 살펴보죠. 입출력장치에는 키보드, 마우스, 터치 스크린과 같은 것이 있고, 출력장치로는 모니터, 스피커, 프린터와 같은 것이 있습니다. 저장장치에는 하드 디스크, SSD[1], USB 메모리, CD-ROM, DVD-ROM, SD카드가 있습니다.

컴퓨터의 부품들은 어디에 연결되어 있을까요? 컴퓨터의 본체를 열면 커다란 판에 CPU나 메모리와 같은 부품들이 꽂혀 있는 것을 볼 수 있습니다. 이 커다란 판을 메인보드main board라 부르는데, CPU와 메모리 등 다양한 부품을 연결하고 전원을 공급하는 역할을 합니다.

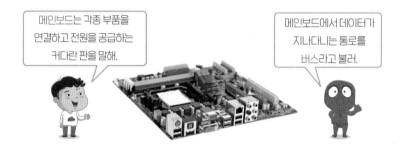

메인보드는 각종 부품을 연결하고 전원을 공급하는 커다란 판을 말해.

메인보드에서 데이터가 지나다니는 통로를 버스라고 불러.

부품에 전원을 공급하는 것도 중요하지만, 각 부품 사이에 데이터가 오고 가야 합니다. 메인보드에서 각 장치를 연결하여 데이터가 지나다니는 통로를 버스bus라고 부릅니다. 교통수단인 버스는 정해진 경로로 다닙니다. 메인보드의 버스도 일정한 경로를 따라 각 장치에

---

1 SSD(Solid State Disk)는 플래시 메모리를 사용하는 저장장치로 하드 디스크를 대신하여 사용된다. 보통의 경우 메모리는 전원이 없으면 데이터가 사라진다. 플래시 메모리는 전원이 없어도 데이터를 저장할 수 있는 메모리 형태의 저장장치이다. SSD, USB 메모리, SD 메모리 카드 등에 플래시 메모리가 사용된다.

데이터를 전송하는 역할을 합니다.

메인보드는 각 부품의 전원을 공급하며 각종 부품을 꽂을 수 있는 단자가 마련되어 있습니다. 요즘 나오는 메인보드에는 그래픽 카드, 사운드카드, 랜카드 등은 기본으로 장착되어 있습니다만 성능이 떨어집니다. 좋은 그래픽 카드를 구매하여 컴퓨터에 장착하고 싶다면 단자를 통해 연결됩니다.

이렇게 모든 부품이 메인보드의 버스로 연결된 구조를 폰 노이만 구조von Neumann architecture라고 부릅니다. [2] 현대 컴퓨터 구조에서 가장 중요한 것은 **모든 프로그램은 메모리로 올라와야 실행된다**는 것입니다. 우리가 사용하는 모든 프로그램은 하드 디스크와 같은 저장장치에 있습니다. 마우스를 더블클릭하면 저장장치에서 곧바로 실행되는 것처럼 보입니다. 그러나 실제로는 메모리로 가져온 후 실행시킵니다.

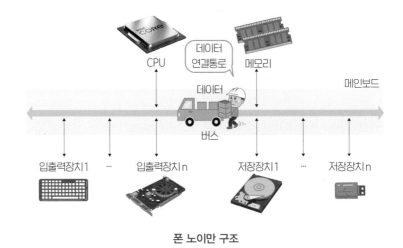

폰 노이만 구조

---

2 폰 노이만은 프로그램을 메모리에 올려놓고, CPU가 이를 처리하는 방식의 컴퓨터 구조를 최초로 제안하였다.

요리하는 주방의 모습은 컴퓨터가 작업을 하는 모습과 비슷합니다. 주방장이 CPU라면 도마 같이 요리 작업을 하는 공간은 메모리입니다. 재료를 보관하는 하드 디스크와 같은 저장장치가 있고 저장장치로부터 데이터를 가져오거나 가져가는 보조 요리사인 입출력 관리자가 있습니다. 요리할 때 저장장치에서 칼질하는 요리사는 없습니다. 저장장치로부터 도마(메모리)로 재료를 가져온 후 요리사(CPU)가 요리를 시작합니다. 마찬가지로 현대 컴퓨터 구조에서 모든 데이터와 소프트웨어는 메모리로 올라 온 후 CPU가 실행합니다.

요리하는 주방의 모습 vs 컴퓨터가 작업을 하는 모습

현대 컴퓨터 구조를 이해하는 것이 어떤 의미가 있는지 살펴보죠. 모든 조건이 같다면 메모리가 1기가바이트(GB)인 컴퓨터는 메모리가 4기가바이트인 컴퓨터보다 느리다는 것을 알고 있을 겁니다. 왜 그럴까요? 이러한 현상은 요리사 모형으로 설명할 수 있습니다. 작업 공간(도마)이 크면 소고기, 양파, 감자와 같은 여러 재료를 모두 가져다 놓고 요리할 수 있습니다. 반대로 작업 공간이 작으면 소고기를 다듬어 보관 창고에 가져다 놓은 뒤 다른 재료를 가져와 손질해야 합니다. 도마가 작으면 재료를 손질하는 시간보다 보관 창고에서 재료를 옮기는 시간이 더 많이 걸려 작업 속도가 떨어집니다. 그래서 1기가바이트의 메모리를 가진 컴퓨터는 4기가바이트의 메모리를 가진 컴퓨터보다 작업 속도가 느립니다.

작업공간에 따른 작업속도의 비교

또한 도마가 일정 크기 이상이 되면 작업 속도에 영향을 미치지 않습니다. 모든 재료를 한꺼번에 손질할 크기의 도마면 충분합니다. 도마가 주방 전체로 커진다고 해서 요리 작업이 빨라지지 않을 것입니다. 이와 마찬가지로 메모리가 20기가바이트인 컴퓨터와 40기가바이트의 작업 속도는 크게 차이가 나지 않습니다. 전체 재료보다 도마의 크기가 작을 때만 문제가 됩니다.

그리고 보관 창고(저장장치)의 크기도 작업 속도에 영향을 미치지 않습니다. 보관 창고의 크기는 보관할 수 있는 전체 재료의 양만 정할 뿐입니다. 마찬가지로 저장장치의 크기는 컴퓨터 작업 속도에 영향을 미치지 않습니다. 예를 들어 같은 제품의 스마트폰이라면 저장용량이 64기가바이트이든 128기가바이트이든 동작 속도는 같습니다. 메인 메모리의 크기가 같기 때문입니다. 저장 용량은 동작 속도와는 관계가 없고 얼마나 많은 데이터를 보관할 수 있는지만 나타냅니다.

많으면 많을수록 좋다

컴퓨터의 성능을 좌우하는 것은 CPU이며, CPU의 성능은 계속 발전해 왔습니다.[3] 최초의 개인용 컴퓨터인 애플 컴퓨터는 8비트 CPU를 사용했습니다. 8비트 CPU란 한 번 작업할 때 다룰 수 있는 데이터의 최대 크기가 8비트라는 의미입니다. 이후 기술이 발전하면서 한 번에 처리할 수 있는 데이터의 크기가 커졌습니다. 현재는 32비트 CPU를 지나 64비트 CPU가 대중화되었습니다. 64비트 CPU는 한꺼번에 처리힐 수 있는 데이터의 크기가 64비트라는 의미입니다.

자신이 사용하는 컴퓨터에 32비트 CPU가 달려 있는지 혹은 64비트 CPU가 달려 있는지 확인하는 방법은 간단합니다.[4] 윈도우의 탐색기에서 [내 PC] 〉 [속성]을 누르면, 다음과 같은 화면이 나타납니

---

3 인텔의 공동 창업자인 고든 무어(Gordon Moore)는 CPU의 속도가 24개월마다 2배 빨라진다는 무어의 법칙(Moore's law)을 주장했다. 진 암달(Gene Amdahl)은 컴퓨터 시스템의 일부를 개선할 때 전체 시스템에 미치는 영향과의 관계를 수식으로 나타낸 암달의 법칙(Amdahl's law)을 만들었다. 이 법칙에 따르면 주변장치의 향상 없이 CPU의 속도를 2GHz에서 4GHz로 늘리더라도 컴퓨터의 성능이 2배 빨라지지 않는다.

4 인텔의 CPU의 경우 32비트까지는 80286, 80386, 80486과 같은 이름을 사용했다. 그래서 32비트용 프로그램을 통칭하는 단어가 x86이다. 32비트와 64비트용 프로그램을 구분하기 위하여 32비트 프로그램들은 x86이라 부르고, 64비트용 프로그램은 x64라 부른다.

다. 당연하게도 32비트 CPU가 달린 컴퓨터에서는 32비트용 운영체제를 설치하여 사용하며, 64비트 CPU는 64비트용 운영체제를 설치한 후 사용합니다.

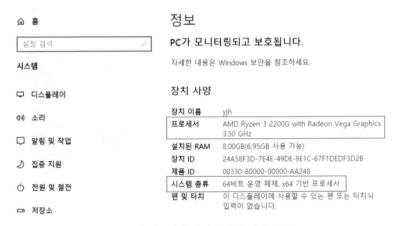

CPU의 비트와 동작 속도를 확인하는 법

클럭 속도를 늘리면 CPU의 속도가 빨라집니다. 현재 약 4기가헤르츠GHz대의 CPU의 속도를 8기가헤르츠까지 높이면 성능은 2배가 빨라집니다. 그런데 문제가 있습니다. 현재도 CPU에 열이 심하게 발생하여 커다란 팬을 설치하여 사용합니다. 8기가헤르츠까지 클럭 속도를 높이면 CPU가 열을 견디지 못합니다. 그래서 CPU의 성능을 높이는 다른 방법이 고안되었습니다.

어느 식당에 손님이 많아져 한꺼번에 많은 손님을 처리해야 하는 경우, 동시에 여러 개의 음식을 만들 수 있어야 합니다. 이를 병렬처리parallel processing라고 부릅니다. 식당에서 동시에 음식을 여러 개 만드는 방법(병렬처리)으로 3가지를 생각해 볼 수 있습니다. 첫 번째

방법은 하나의 주방에서 유능한 요리사를 한 명 더 두어 여러 요리를
동시에 진행하는 것입니다. 두 번째 방법은 주방을 2개 만들고 요리
사를 한 명 더 채용하는 것입니다. 세 번째 방법은 아예 식당 옆에 새
로운 식당을 하나 더 만드는 방법입니다.

명령어 병렬처리, 멀티코어, 멀티프로세서의 차이

과거에는 컴퓨터에 하나의 CPU가 달린 시스템이었습니다. 단일
프로세서 시스템single processor system이란 하나의 프로세서가 한 번에
하나의 작업을 처리할 수 있는 시스템을 말합니다. 컴퓨터의 성능을
높이기 위하여 CPU를 여러 개 설치하여 사용하는 시스템이 선보였
는데 이를 멀티프로세서 시스템multiprocessor system이라고 합니다. 이것
은 마치 식당을 여러 개 만든 것과 같습니다. 슈퍼 컴퓨터는 1,000개
이상의 멀티프로세서(CPU)가 달린 시스템을 의미합니다.

프로세서가 하나만 달린 시스템을 멀티프로세서 시스템으로 바꾸
기 위해서는 메인보드의 설계 변경에서부터 시작하여 많은 변화가
필요합니다. 식당을 하나 더 만드는 것과 같이 일이 복잡해집니다.
그래서 기존의 시스템을 유지한 채 여러 개의 작업을 한꺼번에 처리

하는 방법은 하나의 식당에 주방을 여러 개 만드는 겁니다. 이러한 시스템을 멀티코어multi-core 시스템이라고 부릅니다. 멀티코어 시스템은 하나의 칩chip에 CPU의 핵심이 되는 코어core를 여러 개 만드는 방식입니다. 멀티코어 시스템은 하나의 CPU에 여러 개의 코어를 만들었기 때문에 기존 시스템의 변경 없이도 멀티프로세싱이 가능합니다. 그래서 요즘 나오는 CPU나 GPU 혹은 AP는 멀티코어를 지원합니다.

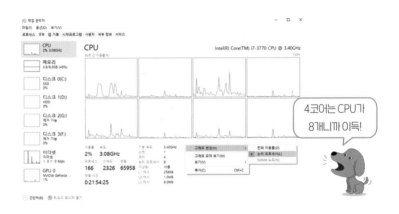

멀티코어 CPU

CPU 코어는 많으면 많을수록 좋습니다. 코어가 4개인 것보다 8개인 CPU가 당연히 빠릅니다. 여러분 컴퓨터에 달려 있는 CPU의 코어가 몇 개인지 살펴보고 싶다면 작업 관리자를 열어서 [성능] 탭을 선택하면 CPU 사용 그래프를 볼 수 있습니다. 마우스의 오른쪽 버튼을 눌러 [그래프 변경] 〉 [논리 프로세서]로 바꾸면 앞의 그림과 같이 프로세서의 CPU 이용률을 볼 수 있습니다. 여기서 저자의 컴퓨터에 달린 i7-3770 CPU는 코어가 4개 달린 CPU입니다.

어라, 코어는 4개인데 논리 프로세서(CPU)는 8개라고요? 현대의 CPU의 경우 하나의 코어에서 2개 이상의 명령어를 동시에 처리할 수 있습니다. 이를 명령어 병렬처리 instruction parallel processing라고 부릅니다. [5] 주방은 하나이지만 요리사가 2명이어서 2가지 요리를 동시에 만드는 것과 같습니다. 인텔 CPU의 경우 하나의 코어에서 2개의 명령어를 거의 동시에 실행하기 때문에 코어 하나가 2개로 보입니다. 따라서 4코어는 논리적으로 8개 CPU처럼 보입니다.

망각과 기억의 메모리

인간의 뇌는 기본적으로 휘발성 메모리입니다. 자꾸 까먹고 잊어버리죠. 우리가 한번 보거나 들은 것을 절대 잊어버리지 않는 비휘발성 메모리의 뇌를 가지고 있다면 모든 시험에서 만점을 받을 수 있습니다. 그러면 행복할까요? 비휘발성 메모리의 뇌는 시험을 잘 볼 수는 있겠지만, 나쁜 일, 안 좋았던 기억까지도 모두 가지고 있을 겁니다. 실제로는 망각하고 털어낼 수 있어야 행복합니다. 매일같이 나쁜 기억을 떠올리면서는 절대로 행복할 수 없습니다. 같은 맥락으로 어려서 학대당하거나 큰 사고를 겪은 사람 중 일부는 해리성 기억장애 dissociative disorders가 발생합니다. 뇌가 자신을 보호하기 위해 안 좋은 기억을 막아 버리는 거죠.

---

5 CPU에서 하나의 명령어(작업)를 스레드(thread)라고 하며 여러 개의 스레드를 하나의 코어에서 처리하는 기법이 명령어 병렬처리이다. 인텔 CPU는 명령어 병렬처리를 하이퍼스레드(hyper-thread)라 부른다.

0	1	2	3	4	5	6	7	8	9	10	11	12	13	14

메모리와 주소

앞서 메인 메모리는 컴퓨터의 유일한 작업 공간이라 했습니다. CPU가 처리하는 모든 데이터는 메모리에 올라와야지만 실행됩니다. 메모리에 데이터는 어떻게 저장될까요? 메모리의 구조를 살펴보면 마치 눈금 종이와 같이 1바이트씩 나뉘어 있습니다. 1바이트씩 나뉘진 공간에는 0번부터 시작하는 주소address가 달려 있습니다. 데이터는 주소가 달린 메모리에 저장되고 필요할 때는 주소를 사용하여 메모리에 저장된 데이터를 가져옵니다.

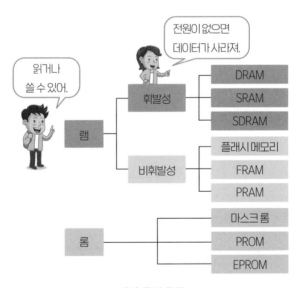

램과 롬의 종류

컴퓨터가 발전함에 따라 다양한 종류의 메모리가 개발되었습니다.

메모리는 읽거나 쓸 수 있는 램Random Access Memory; RAM [6]과 읽기만 가능한 롬Read Only Memory; ROM [7]으로 구분됩니다. 롬은 거의 사용하지 않기 때문에 보통 메모리라 하면 램을 가리킵니다. 램은 전력이 끊기면 데이터가 사라지는 휘발성 메모리volatile memory [8]와 전력이 끊겨도 데이터를 보관할 수 있는 비휘발성 메모리non-volatility memory로 다시 나뉩니다.

컴퓨터의 메인 메모리를 비휘발성 메모리로 만들면 전력이 끊겨도 내용이 남기 때문에 편리할 수도 있습니다. 비휘발성 메모리는 전력이 끊겨도 데이터를 보관해야 하므로 메모리 내부가 복잡합니다. 망각할 수 있어야 행복한 것처럼 단순해야 작업을 빨리 처리할 수 있습니다. 그래서 메인 메모리는 속도가 빠른 휘발성 메모리를 사용하고 저장장치에 사용되는 메모리는 비휘발성 메모리를 사용합니다. [9]

---

6 램은 무작위로 데이터를 읽어도 저장된 위치와 상관없이 같은 속도로 데이터를 읽을 수 있다는 의미에서 붙여진 이름이다.

7 원래 롬은 저장된 데이터를 읽을 수만 있을 뿐 내용을 바꿀 수 없는 메모리이지만 여러 번 읽고 쓸 수 있는 EPROM(Erasable Programmable ROM)도 개발되어 메인보드의 바이오스에 사용된다.

8 휘발성 메모리는 DRAM(Dynamic RAM)과 SRAM(Static RAM)으로 나뉜다. DRAM은 저장된 0과 1의 데이터가 일정 시간이 지나면 사라지기 때문에 일정 시간마다 재생(refresh)시켜야 한다. SRAM은 전력이 공급되는 동안에는 데이터를 보관할 수 있어 재생할 필요가 없다. 따라서 속도는 빠르지만 기격이 비싸다. 일반적으로 메인 메모리에는 DRAM을 사용하고, 캐시 같은 고속 메모리는 SRAM을 사용한다.

9 현대 컴퓨터의 메인 메모리는 DDR(Double Data Rate)이라 불리는 메모리가 사용된다. 기존의 램이 한번에 1개의 데이터를 저장할 수 있는 반면에 DDR은 2개의 데이터를 저장할 수 있어 속도가 2배 빠르다. 기존의 메모리와 비교하여 DDR 메모리는 2의 지수승배로 빨라지는데, DDR2는 $4(2^2)$배, DDR3는 $8(2^3)$배, DDR4는 $16(2^4)$배 빠르며, DDR5는 $32(2^5)$배 빠르다.

플래시 메모리는 전력이 없어도 데이터를 보관할 수 있어.

비휘발성 메모리인 플래시 메모리

비휘발성 메모리의 대표적인 것이 플래시 메모리 flash memory 입니다. 플래시 메모리는 전력이 없어도 데이터를 보관할 수 있으며, 관련 제품을 한 번쯤 사용해 보았을 겁니다. 디지털카메라에 들어가는 SD 카드나 CF카드가 플래시 메모리를 사용합니다. 또한 USB 메모리와 하드 디스크를 대신하도록 만든 SSD Solid State Disk도 플래시 메모리를 사용합니다. SSD는 하드 디스크에 비하여 가격이 비싸지만 빠른 데이터 접근 속도, 저전력, 내구성 때문에 개인용 컴퓨터는 물론 노트북, 스마트폰 등에 사용되고 있습니다.

플래시 메모리의 각 소자는 최대 사용 횟수가 정해져 있습니다. 보통 소자 하나당 몇천 번에서 몇만 번 정도 사용하면 제 기능을 잃습니다. 따라서 SD 카드나 USB 메모리를 오래 사용하면 성능이 저하되거나 데이터를 잃어버릴 수 있으니 주의해야 합니다.

버퍼링

순간적으로 말을 더듬거리거나 잘하던 일의 속도가 갑자기 느려진 경우 버퍼링에 걸렸다고 합니다. 버퍼란 무엇인지 알아보죠. 딸기 잼을 만드는 공장이 있습니다. 딸기를 한 번에 하나씩 기계로 옮기면 기계의 속도를 따라갈 수 없습니다. 기계 속도에 비하여 운반되는 딸기의 양이 적어 딸기 잼이 생산이 안 되는 버퍼링에 걸립니다. 많은 양의 딸기를 큰 바구니에 담아서 옮기면 문제가 해결됩니다. 여기서 큰 바구니를 버퍼라고 부릅니다.

공장 바구니에 비유한 버퍼

현대 컴퓨터 구조의 가장 큰 문제는 CPU와 메모리, 주변장치의 작업 속도가 다르다는 것입니다. CPU나 GPU가 가장 빠르고 그다음이 메인 메모리이며, 키보드나 마우스는 매우 느린 장치입니다. 이러한 장치들이 버스로 연결되어 있는데 CPU의 속도를 다른 장치들이 따라가지 못합니다.

버퍼buffer는 속도에 차이가 있는 두 장치 사이에서 그 차이를 완화하는 역할을 합니다. 입출력장치에서 데이터를 가져오는 경우를 생각해 보죠. 느린 입출력장치에서 데이터를 읽을 때마다 하나씩 전송하면 작업량에 비해 실제로 전송되는 데이터의 양이 매우 적습니다. 그러나 일정량의 데이터를 모아 한꺼번에 전송하면 적은 노력으로도 많은 양의 데이터를 옮길 수 있습니다. 이렇게 일정량의 데이터를 모아 옮김으로써 속도의 차이를 완화하는 장치가 버퍼입니다.

버퍼는 소프트웨어에서도 사용됩니다. 대표적인 예로 동영상 스트리밍 streaming이 있습니다. 유튜브에서 동영상을 볼 때 네트워크에서 데이터가 들어오는 속도와 동영상이 재생되는 속도와의 차이가 발생합니다. 플레이어가 재생되는 도중에 데이터가 도착하지 않으면 동영상이 끊기게 됩니다. 이러한 현상을 방지하기 위해 동영상 데이터의 일정 부분을 버퍼에 넣은 후 실행합니다.

동영상 스트리밍의 버퍼링

버퍼는 속도 차이를 완화하는 모든 하드웨어와 소프트웨어를 통칭하는 단어입니다. 특별한 용도로 만들어진 버퍼도 있습니다. 스풀 Simultaneous Peripheral Operation On-Line; SPOOL은 CPU와 입출력장치가 독립적으로 동작하도록 고안된 소프트웨어적인 버퍼입니다. 대표적인 예는 프린터에 사용되는 스풀러 spooler가 있습니다. 스풀러는 인쇄할 내용을 순차적으로 출력하는 소프트웨어로 출력 명령을 내린 프로그램과 독립적으로 작동합니다.

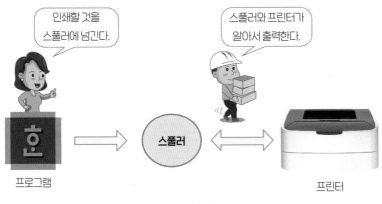

프린터의 스풀러

워드프로세서로 작업하고 프린터로 출력하는 경우를 생각해 보죠. 스풀러가 없다면 모든 출력을 워드프로세서가 알아서 처리해야 하므로 인쇄가 끝날 때까지 워드프로세서를 사용할 수 없습니다. 그러나 스풀러를 사용하면 인쇄할 내용을 하드 디스크의 스풀러 공간에 저장하고 워드프로세서는 다른 작업을 합니다. 그동안 스풀러는 프린터와 협력하여 알아서 출력합니다.

미리 가져오기, 캐시

요리하다 보니 간장 10cc가 필요합니다. 장독대에 가서 필요한 간장을 10cc만 가져오면 다음에 간장이 필요할 때 또 장독대로 가야 합니다. 미리 100cc를 가져다 놓으면 다음에 간장이 필요할 때 시간을 단축할 수 있겠죠. 이처럼 필요하다고 생각되는 데이터를 미리 가져다 놓으면 작업의 속도가 올라갑니다.

캐시의 개념

캐시cache는 CPU와 메모리 사이의 속도 차이를 완화하기 위해 만들어진 초고속 메모리입니다. 캐시는 앞으로 **사용할 것으로 예상되는 데이터를 미리 가져다 놓습니다.** 캐시는 버퍼의 한 종류이지만, 사용할 것이라고 예상되는 데이터를 미리 가져온다는 것이 다릅니다.

캐시의 크기가 커지면 더 많은 데이터를 미리 가져올 수 있기 때문에 작업이 더 빨라집니다. 같은 CPU라도 저가형과 고가형은 캐시 메모리의 크기가 다릅니다. 예를 들면 저가의 인텔 CPU인 i7는 캐시 메모리가 12메가바이트지만 고가의 i7은 24메가바이트 이상입니다.

캐시 메모리는 가격이 비싸기 때문에 크기를 늘리는 데 한계가 있어 몇 메가바이트 정도만 사용합니다.

캐시는 소프트웨어적으로도 사용되는데 대표적인 예가 웹 브라우저 캐시입니다. 웹에서 사용하는 캐시는 '앞으로 다시 방문할 것을 예상하여 지우지 않은 데이터'를 의미합니다. 다음이나 네이버와 같이 자주 방문하는 사이트의 경우 로고나 버튼 등의 그림은 거의 바뀌지 않습니다. 로고나 버튼 등의 데이터를 캐시에 보관하고 있다가 사이트를 재방문할 때 다시 사용하여 작업 속도를 높입니다. 웹 브라우저의 캐시는 방문했던 사이트의 데이터를 보관하여 재방문 시 속도를 높이는 역할을 하지만, 너무 많은 데이터가 캐시에 보관되어 있으면, 캐시에서 데이터를 찾는 시간이 더 걸릴 수 있습니다. 따라서 웹 브라우저의 속도를 떨어뜨릴 수 있으므로 캐시를 가끔 비워 주는 것이 좋습니다.

국내에서도 구글의 유튜브나 넷플릭스와 같은 영상 스트리밍 서비스를 많이 이용합니다. 유튜브나 넷플릭스와 같은 해외 서비스를 국내에서도 끊김없이 이용할 수 있는 이유는 캐시 서버cache server 때문입니다. 캐시 서버란 인터넷 서비스의 속도를 높이기 위하여 사용자와 가까운 곳에 설치한 서버를 가리킵니다. 캐시 서버가 없다면 해외에 있는 서버까지 연결해야 하는데, 동영상의 경우 데이터의 양이 크기 때문에 해외 인터넷 회선에 부담이 됩니다. 이를 완화하기 위해 국가별로 캐시 서버를 두고 많이 찾는 콘텐츠를 캐시 서버를 통해 전달하여 해외 인터넷 회선의 부담을 줄입니다.

연결 단자, 포트

앞서 메인보드에는 각 부품을 연결하는 단자가 있다고 하였습니다. 이러한 단자들을 통칭하는 단어가 **포트** port입니다. 포트는 원래 항구에 정착하는 배가 머무는 곳을 의미합니다. 컴퓨터에서 포트는 두 장치를 연결하는 곳입니다. 요즘 가장 대중적인 포트는 USB Universal Serial Bus가 있습니다. 카메라에 있는 사진을 컴퓨터로 전송하거나 스마트폰을 연결하여 음악을 전송할 때 대부분 USB 포트에 선을 꽂아 사용할 것입니다. 컴퓨터 내부에는 USB 이외에도 CPU 포트, 램 포트, SATA 포트, AGP 포트와 같은 다양한 포트가 있습니다.[10]

컴퓨터 후면에도 다양한 포트가 있어 외부의 주변장치를 연결할 수 있습니다. 마우스나 키보드 같은 느린 장치는 직렬 포트에 연결합니다. 직렬 포트는 다른 포트와 달리 원통형으로 되어 있어 쉽게 구분할 수 있습니다. 요즘은 USB 포트를 사용하는 키보드나 마우스가 대부분입니다. USB 포트는 키보드, 마우스, 프린터, 카메라, 저장장치 같은 다양한 주변기기를 연결하려고 만든 표준 연결 포트입니다.

---

10 CPU 포트는 CPU를 꽂아서 사용하는 포트이며, 램 포트는 메인 메모리를 꽂아서 사용하는 포트이다. SATA(Serial ATA) 포트는 하드 디스크, SSD, CD-ROM 같은 저장장치를 연결하는 데 사용한다. AGP(Accelerated Graphics Port) 포트는 내장 그래픽 카드가 아닌 따로 구매한 그래픽 카드를 연결하는 포트이다.

메인보드에 있는 다양한 포트

USB 포트는 PC용으로 개발되었지만, 지금은 스마트폰이나 비디오 게임 콘솔 등에도 채택해서 사용합니다. 더 나아가 USB 전원 공급 기능을 이용하여 충전 용도로도 사용합니다. 프린터, 마우스, 스마트폰 같은 많은 종류의 주변기기들이 USB 포트를 통해 연결되기 때문에 대부분 컴퓨터는 USB 포트를 4개 이상 가지고 있습니다.

다양한 포트가 존재함에 따라 포트 연결 단자도 다양해졌습니다. 여러 연결 단자 중 가장 많이 사용하는 단자는 위 그림과 같습니

다. D-SUB D-SUBminiature는 가장 오래된 모니터 연결 단자입니다. [11] DVI Digital Visual Interface는 컴퓨터 디스플레이와 디지털 프로젝터 같은 디지털 디스플레이 장치의 화질에 최적화된 표준 포트입니다. HDMI High Definition Multimedia Interface는 비디오 신호와 오디오 신호를 하나의 단자에 구현한 포트입니다. HDMI로 TV를 연결하면 영상과 소리를 케이블 하나로 전송할 수 있는 장점이 있습니다. 요즘 나오는 모니터나 TV 대부분은 HDMI로 연결합니다.

USB-C 타입 케이블

최근에 USB-C 타입 연결 단자가 대중화되면서 핸드폰을 연결하거나 충전하는 것뿐 아니라 노트북 어댑터 단자로 사용됩니다. 따라서 제조사마다 다른 노트북 어댑터를 사는 대신에 USB-C를 지원하는 어댑터를 사서 모든 노트북에 공용으로 사용할 수 있게 되었습니다.

---

11 D-SUB는 아날로그 데이터를 전송하는 단자이기에 과거 브라운관 시절부터 사용했지만, 대부분 디지털 모니터로 바뀌면서 사라지는 추세이다.

스티브 잡스는 왜 오징어 게임을 죽였을까?

DAY 2

소프트웨어

4장

인간을 닮아가는 인공지능

개는 사람이 될 수 없지만, 사람은 개가 될 수 있다

"떡은 사람이 될 수 없지만 사람은 떡이 될 수 있다."

숙취해소 음료인 광동 헛개차 CF의 한 장면입니다. 광고가 시작되면 여학생들이 측은한 표정으로 무언가를 쳐다보고 있습니다. 카메라가 쳐다보는 쪽으로 이동하면, 숙취로 괴로워하는 떡(이 된 사람)이 콩고물을 흘리며 흔들거리는 광고입니다. 아이디어가 기발하지 않습니까? 그런데 이 광고가 과거 인공지능 알고리즘의 한계를 잘 설명하고 있습니다.

광동 헛개차 CF의 한 장면(유튜브 화면 캡처)

인공지능Artificial Intelligence; AI이란 인간의 학습·지각·추론 능력을 인공적으로 구현한 컴퓨터 시스템을 의미합니다. 인공지능이 세상에 나온 지 70년이 넘었고, 그동안 인공지능을 구현하기 위한 많은 기술을 선보였습니다. 대부분은 매우 효과적으로 사용되고 있습니다. 예를 들어 식료품 공장에서 불량품을 판단한다고 생각해 보죠. 과거에는 사람이 직접 무게를 재고, 눈으로 색상이 이상하지 않은지, 불순물이 함유되어 있는지 확인하였습니다. 시간이 오래 걸리고, 정확도도 떨어졌죠. 현재는 자동화 시스템이 완성품의 무게를 달고, X레이를 찍어 불순물이 혼합되어 있는지를 확인하고, 카메라로 제품을 찍어 이상한 색상이 혼합되어 있는지를 확인합니다. 정확할 뿐 아니라 무척 빠르게 진행됩니다. 또한, 기존의 생각하지 못한 불량품이 나온다면 알고리즘을 수정하여 대응하면 됩니다.

요즘은 냉장고, 세탁기, 보일러까지 인공지능이 들어 있다고 합니다. 이렇게 전문가의 지식을 접목한 인공지능을 **전문가 시스템**experts system이라고도 부릅니다. 전문가 시스템은 특정 분야의 전문지식을 컴퓨터에 기억시켜 이를 활용하는 시스템을 의미합니다. 전문가 시스템은 사람이 만들어 준 규칙에 기반합니다. 예를 들어 세탁기에 1kg 미만의 빨래가 들어오면 10분간 세탁을 하고, 1kg 이상의 빨래가 들어오면 15분간 세탁하도록 규칙을 만듭니다. 또한 오목 게임에 사용되는 인공지능은 3개가 연달아 있는 모든 돌을 찾아서 막아야 한다는 것도 규칙 중 하나입니다. 그래서 규칙 기반 인공지능이라고도 부릅니다.

규칙을 기반으로 한 전문가 시스템은 복잡한 문제에서 한계를 드러냅니다. 규칙을 사용하여 개와 사람을 구분한다고 생각해보죠. 개는 얼굴이 길고, 네 발로 걸어 다니고, 사람은 얼굴이 둥글고 서서 다닌다고 학습시켰습니다. 그러면 술 먹고 네 발로 기어가는 사람은 개일까요? 사람일까요? 반대로 얼굴이 둥근 개가 두 발로 걸어 다니면 개일까요? 사람일까요? 규칙에 따라 사람이 떡이 될 수도, 떡이 사람이 될 수도 있습니다.

사람과 개의 특징

규칙 기반 인공지능은 규칙이 완벽하거나 규칙이 계산 가능할 때만 유용한 기술입니다. 사람과 개를 구분하는 문제에 있어서 아무리 많은 양의 규칙을 만든다고 할지라도 개 분장을 한 사람까지 구분하기 어렵습니다.

바둑을 생각해 보죠. 오목과 달리 바둑의 경우의 수는 우주의 별의 개수만큼 많다고 합니다. 컴퓨터가 바둑에서 이기는 모든 경우의 수를 찾았다고 가정해 보죠. 바둑에서는 한 수를 놓는 시간이 정해져 있습니다. 따라서 이기는 모든 경우의 수를 알 수 있다고 하더라도 시간 안에 계산을 못하면 무용지물입니다. 그래서 바둑에서 컴퓨터가 사람을 이기는 것이 어려웠습니다.[1] 이처럼 규칙을 기반으로 하는 인공지능은 한계에 도달하였습니다. 이러한 한계를 극복한 방법이 기계학습 machine learning입니다. 기계학습의 경우 따로 규칙을 정해주지 않지만 컴퓨터가 인식할 수 있도록 사람이 데이터를 분류합니다. 그 다음 컴퓨터가 데이터에 포함된 특징을 분석하고 축적하는 과정을 거칩니다. 마지막으로 컴퓨터가 축적된 데이터를 바탕으로 데이터의 특징을 종합해 답을 이끌어내는 방식입니다.

여러분은 사람과 개를 어떻게 구분하나요? 사람과 개를 구분할 수 있을지는 몰라도, 어떻게 구분하는지를 설명하는 것은 쉽지 않습니다. 인간이 태어나서 사물을 인식하고 여러 사물을 구별하는 과정은 오랜 기간의 학습을 통해 이루어집니다. 어떻게 학습되는지 그 결과를 어떻게 저장하는지는 모릅니다. 과정을 설명할 순 없지만 많은 경험을 통하여 사람과 개를 구분하게 됩니다. 이렇게 뇌가 사물을 인식하고 추론하고 결론을 내리는 과정을 모방한 것이 딥러닝 deep learning 입니다.[2]

딥러닝에서는 주어진 규칙이나 분류된 데이터 입력은 없습니다. 딥러닝 시스템은 분류되지 않은 다양한 종류의 사람 사진과 개 사진을 학습하면서 스스로 차이점을 만들어 나갑니다. 딥러닝 시스템의

---

1 서양 장기인 체스에서 이기는 경우의 수는 바둑보다 적다. 1997년 IBM의 딥블루(Deep Blue)는 체스 세계 챔피언과 대결하여 이겼다.

2 인공지능은 크게 규칙 기반 인공지능(전문가 시스템)과 기계학습(머신러닝) 인공지능으로 나눈다. 전문가 시스템은 대표적인 규칙 기반 인공지능 알고리즘이며 딥러닝은 기계학습의 발전된 형태이다.

학습 초기에는 사람과 개를 구분하지 못합니다. 그러나 수백만 장의 데이터를 학습하면서 점점 사람과 개를 구분해 갑니다. 마치 인간이 많은 시행착오를 거쳐서 결론에 도달하는 것과 같습니다. 이러한 방식이 딥러닝입니다.

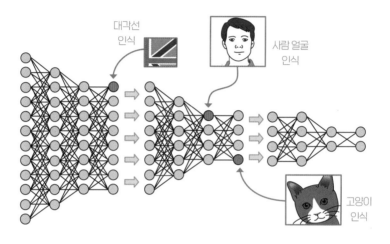

구글의 딥러닝 학습 과정

딥러닝 시스템은 우리의 뇌가 사물을 인식하는 것과 같이, 많은 데이터를 통해 스스로 규칙을 만들어갑니다. 딥러닝에서 데이터의 양이 적거나 부정확한 데이터를 가지고 학습하는 경우 오답을 산출하기도 합니다.

다음 사진은 테슬라 자동차의 사물인식 시스템이 네 발로 걷는 사람을 개로 인식한 화면입니다. 학습 데이터가 좀 더 쌓여서 학습이 진전된다면 사람이 네 발로 걷더라도 개가 아닌 사람으로 인식될 것입니다. 따라서 딥러닝에서 필수적인 것은 빅데이터이며, 많은 양의 학습을 통해 결과를 얻을 수 있기 때문에 깊은 학습, 즉 딥러닝이라 부르게 됩니다.

잘못된 딥러닝 예시 [3]

딥러닝 알고리즘을 사용한 알파고는 어떻게 이세돌을 이겼을까요? 알파고는 전 세계의 바둑 고수들의 대국을 학습합니다. 이런 알파고를 2대 만들고, 서로 바둑 대국을 시킵니다. 여기서 이긴 알파고는 살아남고 진 알파고는 폐기합니다. 새로운 데이터로 학습한 다른 알파고와 승리한 알파고가 또 바둑을 둡니다. 이런 과정을 통해 만들어진 것이 최종 알파고입니다. 여러분이 본 알파고는 세계 최고 수준의 바둑기사가 수천 번씩 싸워서 승리한 결과물입니다. 인간은 바둑을 한 번 두면 지치지만 알파고는 전기를 먹는 동안 쉬지 않고 바둑을 둡니다. 그런 기계를 사람이 이길 수는 없습니다.

3　출처: https://youtu.be/fKNWSfKXBjk

인공지능, 기계학습, 딥러닝을 설명하였는데 이들 관계가 이해되지 않는다면 다음 그림을 보시죠. 큰 범주에서 모두 인공지능이라고 부릅니다. 초기 인공지능인 규칙 기반 인공지능의 한계를 극복한 것이 기계학습입니다. 여기에 사람의 뇌를 이루는 신경망(뉴런)의 개념을 기계학습에 도입한 것이 딥러닝입니다.[4]

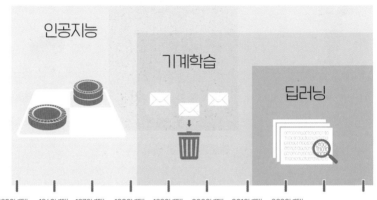

딥러닝의 개념은 1990년대에도 있었으나 많은 양의 계산이 필요하기 때문에 초기에는 상용화가 어려웠습니다. 그러나 컴퓨터 속도가 빨라지고 GPU가 등장함에 따라 딥러닝 기반의 인공지능 시스템이 등장하였습니다.

---

4 딥러닝의 한계는 학습한 내용을 알 수가 없다는 것이다. 예를 들어 이세돌과 바둑 대결에서 알파고가 어떤 규칙을 가지고 이겼는지 인간은 알지 못한다. 알파고는 단순하게 바둑을 두는 기계일 뿐이며, 인간끼리의 바둑 대결은 여전히 진행 중이다.

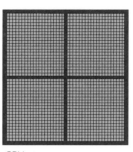

GPU 안에는
수천 개의 코어가 있어.

CPU
멀티 코어

GPU
수천 개의 코어

CPU와 GPU 코어 수 차이

여기서 CPU가 아니라 GPU의 발전 때문에 딥러닝에 대한 연구가 활발해졌다는 이야기에 의아해할 수 있을 겁니다. 앞서 CPU의 성능을 높이기 위해 여러 개의 코어를 사용하여 병렬처리를 한다고 했습니다. GPU는 화면을 여러 개로 나누어 계산하는 방식으로 병렬처리를 합니다. 다시 말해 GPU는 수천 개의 코어가 달린 CPU입니다. 수천 개의 GPU 코어에게 딥러닝에 필요한 계산을 나누어 줌으로써 CPU보다 월등히 빠른 속도로 계산이 가능해졌습니다. [5]

부정의 부정은 긍정, 긍정의 긍정은?

대학의 국문학 강의에서 교수님이 "부정의 부정은 강한 긍정입니다. 그러나 긍정의 긍정은 부정이 될 수 없습니다."라고 했습니다. 이를

---

5 CPU의 경우 코어가 복잡한 연산을 담당하는 반면 GPU 코어의 경우 단순한 계산만 할 수 있기 때문에 작은 칩에 많은 수의 코어를 넣을 수 있다. CPU의 경우 64코어가 최대이지만, 10,496개의 코어를 가진 GPU도 있다. 따라서 딥러닝과 같이 여러 개의 계산을 동시에 처리해야 하는 작업의 경우에는 CPU보다 GPU가 효율적이다.

듣고 있던 한 학생이 "잘도 그러겠다"라고 외치자 교수님이 당황했다는 이야기가 있습니다. [6] 긍정('잘')과 긍정('그러겠다')을 합해도 긍정이 아닌 경우가 있을 수 있습니다. 우리는 문법을 몰라도 이야기할 수 있고, 문법에 맞지 않는 문장도 이해할 수 있습니다. 우리가 사용하는 언어에서는 새로운 단어들이 생겨나기도 하고, 사라지기도 합니다. 이런 복잡한 언어를 컴퓨터에게 이해시키는 것은 쉬운 일이 아닙니다.

긍정+긍정=긍정?

인공지능 분야에서 인간의 언어를 컴퓨터가 이해하도록 하려는 시도가 꾸준히 있었습니다. 초기의 인공지능에서는 기계학습과 유사하게 문법에 기반하여 언어를 학습시키려 했습니다. 문장에서 주어, 목적어, 동사, 부정사를 분류하고 여기서 의미를 찾는 방식입니다. 번역 시스템도 마찬가지입니다. 영어의 경우 한국어와 달리 부정사, 동사, 목적어 순입니다. 이러한 차이점을 이용하여 번역하였습니다. 결과는 아시다시피 그리 좋지 않았습니다.

---

6 국립국어원 참여 게시판의 "안녕하세요 이중 부정/긍정 질문 드립니다."를 각색한 것입니다
   (출처: https://news.mtn.co.kr/news-detail/2013060514580331744).

딥러닝 기술이 개발되면서 언어의 처리나 번역 시스템은 많은 발전을 하였습니다. 컴퓨터에게 많은 양의 언어 데이터를 학습시키고, 컴퓨터가 스스로 언어를 해석하도록 했습니다. 그 결과 딥러닝을 이용한 자연어 처리 기술은 상당히 진보했으며, 사용할 만한 수준에 이르러 다양한 곳에 응용되고 있습니다.

BTS의 팬 클럽 '아미'는 전 세계에 퍼져 있습니다. 인공지능은 언어 장벽을 넘어 BTS에 대한 아미의 사랑을 확인할 수 있게 해줍니다. 다음 그림은 유튜브에서 BTS의 뮤직비디오 밑에 달린 댓글입니다. 왼쪽과 같이 영어 및 러시아어를 포함한 다양한 언어의 댓글이 올라와 있습니다. 이를 '한국어로 번역'을 누르면 언어에 상관없이 모두 한국어로 번역해 줍니다.

유튜브 댓글 번역

번역 시스템은 완벽하지는 않지만 쓸 만하게 작동됩니다. 키보드로 문자를 입력하여 번역하는 것 말고도 직접 말을 하면 다른 나라 언어로 번역된 말이 스피커를 통해 나옵니다. 외국어로 된 사이트를 방문하면 한국어로 번역하여 보여줍니다. 또한 사진 안에 있는 글자를 자동으로 인식하여 번역해 주기도 합니다. 이제는 외국에 나가서 다른 나라 언어로 작성된 안내판이나 메뉴판을 보고서 당황하지 않아도 됩니다. 카메라로 찍으면 글자만 한국어로 바꿔서 보여줍니다. [7]

구글 번역 앱의 음성 번역(왼쪽)과 이미지 번역(오른쪽)

여러분이 사용하는 스마트폰의 개인 비서는 여러분의 말을 이해하고 여러 작업을 처리해 줍니다. 애플의 시리, 삼성의 빅스비, SK텔레콤의 아리가 대표적인 예입니다.

영화나 드라마에서 CCTV Closed-circuit Television를 통해 범죄자를 찾거나 범죄 차량을 조회하는 장면을 한 번쯤은 보았을 것입니다. 이러한 일이 실제로도 일어나고 있습니다. 주차장이나 과속 단속 카메라가 차량번호판을 자동으로 인식하는 기술은 몇 년 전에 이미 상용화

---

7   이러한 기능에는 자연어 처리 외에 다양한 기술들이 숨어 있다. 문자를 음성으로 혹은 음성을 문자로 바꾸는 TTS(Text-to-Speech) 기술, 종이에 쓴 글씨나 사진에 있는 글씨를 인식하는 OCR(Optical Character Recognition) 기술 등이 사용된다.

되었으며, 특정 차량번호를 입력하면 해당하는 CCTV[8] 영상을 자동으로 찾아 주는 시스템도 개발되었습니다.

CCTV를 통한 얼굴 인식

차량번호판 인식 기술과 비교하여 얼굴 인식 기술은 매우 어렵습니다. 그러나 이미지 인식 기술이 발전하면서 CCTV 영상에서 특정 인물을 찾는 것이 가능해졌습니다. 얼굴 인식 기술은 여러 사람 중에서 특정인의 얼굴을 찾는 것을 넘어 사람의 감정도 이해할 수 있는 수준에 이르렀습니다. 아마존은 얼굴 인식 시스템을 개발했습니다.[9] 아마존 인식 시스템은 '행복', '당황', '안정' 등의 다양한 얼굴의 감정을 평가할 수 있습니다.

---

8 CCTV(Closed-circuit Television)는 폐쇄회로 TV라 불리며, 특정 목적을 위해 특정인들에게 제공되는 TV라는 의미를 가진다. CCTV를 구성하는 요소는 카메라와 이 카메라가 찍는 영상을 녹화해 줄 DVR(Digital Video Recorder)로 구성된다.

9 아마존의 얼굴 인식 시스템은 레코그니션(Rekognition)이라 불린다.

아마존의 얼굴 인식 시스템 [10]

인공지능이 본판을 바꾸다

스마트폰의 잠금 해제 방식은 비밀번호 입력, 패턴 인식, 지문 인식을 지나 이제는 얼굴을 인식하여 잠금을 해제해 줍니다. 얼굴 인식이 처음 나왔을 때 몇몇 여성들이 반대하였다고 합니다. 남편이 잠자는 동안 자는 남편 손가락으로 몰래 핸드폰을 풀었는데, 이제는 자는 남편 눈을 까뒤집어야 핸드폰을 풀 수 있다며 탄식했다고 합니다.

| 비밀번호 입력 | 패턴 인식 | 지문 인식 | 얼굴 인식 |

스마트폰의 다양한 잠금 해제 방식

---

10 출처: https://aws.amazon.com/ko/getting-started/hands-on/detect-analyze-
compare-faces-rekognition/

저도 가끔 카카오톡 프로필에 있는 딸의 얼굴이 낯설 때가 있습니다. 대기업 인사담당자를 만나면 한결같이 입사지원서에 붙어 있는 사진을 믿을 수 없다고 합니다. 과거에는 포토샵으로 사진을 수정하기 위해 많은 시간을 썼습니다. 이제는 사진 보정이 너무나 간단한 세상에 살고 있습니다. 다음 그림은 Hamsoft의 사진 성형 앱입니다. 남자의 몸을 근육질의 몸매로 바꿔 주고, 작은 키를 8등신의 미녀로 바꿔 주며 가슴 성형도 쉽게 해 줍니다. 이제는 사진뿐 아니라 동영상도 실시간으로 성형해 주는 세상에 살고 있습니다.

Hamsoft의 사진성형 앱

비슷한 사진을 찾는 일도 간단해졌습니다. 구글 렌즈에 사진을 올리면 유사한 사진을 검색해 주거나 사진이 찍힌 장소를 찾아 줍니다. 인터넷을 돌아다니다가 사진에 나온 이름을 알고 싶은 경우에도 구글 렌즈를 사용할 수 있습니다. 다음 그림과 같이 사진 이름이 청와대라는 것을 알려주고 관련 사진도 검색해줍니다.

구글 렌즈를 통한 이미지 검색

인공지능은 사진뿐 아니라 가짜 인물의 동영상까지도 제작할 수 있는 수준에 이르렀습니다. 다음 사진은 〈007〉 영화의 주인공인 대니얼 크레이그의 얼굴을 자기 얼굴에 학습시킨 결과입니다. 자기 얼굴을 움직이면 대니얼 크레이그의 표정으로 바꿔서 동영상이 만들어집니다. 원본의 동영상에 새로운 얼굴을 입혀 사람을 속이는 기술을 딥페이크deep fake 기술이라고 부릅니다.

딥페이크 자료 [11]

---

11 출처: https://www.cined.com/face2face-real-time-face-capture-and-reenactment-of-videos

딥페이크 기술로 만들어진 트럼프 대통령이 나오는 가짜뉴스 동영상이 제작되어 사회적인 이슈가 되었습니다. 또한 톰 크루즈가 나오는 동영상이나 테슬라의 일론 머스크와 아기 얼굴을 합성하는 동영상도 퍼지고 있습니다. 이제는 동영상 뉴스가 진짜인지를 확인해야만 하는 시대에 살고 있습니다.

딥페이크 기술로 만들어진 톰 크루즈 [12]와 일론 머스크 아기 [13]

예술계로 진출한 인공지능

인공지능이 만들어 주는 이미지 변환을 경험해 보죠. 딥 드림 제너레이터 [14] 사이트를 방문합니다. 사진 변환에 사용될 원본 사진을 준비합니다. 예시에서는 핸드폰으로 찍은 노을 사진을 선택했습니다. 그리고 변환하기를 원하는 스타일 이미지를 선택합니다. 스타일 이미지를 고흐의 별이 빛나는 밤을 선택했습니다.

---

12 출처: https://www.youtube.com/watch?v=T1hevqBTudg

13 출처: https://www.youtube.com/watch?v=Up4cfYXq9cg

14 https://deepdreamgenerator.com

딥 드림 제너레이터 홈페이지

이미지를 변환한 결과는 아래와 같습니다. 가지고 있는 사진에 다
양한 스타일을 적용해 보면 멋진 결과를 보실 수 있을 겁니다.

딥 드림 제너레이터 홈페이지를 통한 이미지 변환

사실 이 정도로 인공지능의 능력을 경험했다고는 할 수 없습니다. 현재의 인공지능 기술은 인간의 언어를 이해하여 그림을 그려주는 수준까지 이르렀습니다. 미드저니 Midjourney [15]에 접속하여 그리고자 하는 단어를 써넣으면 인공지능이 해당하는 그림을 그려줍니다.

예를 들어 '예쁜 여인 사진(beautiful woman, real photo)'이라고 입력하면 인공지능이 아름다운 여인을 그려줍니다. 눈동자 색깔부터 머리카락 색, 피부색까지 다 지정할 수 있습니다. 또한 '작은 정원이 있는 나무로 만든 건물(wooden architecture and contains a central courtyard with a small garden)'이라고 입력하면 다음과 같은 사진을 그려줍니다. [16]

인공지능이 그린 그림

몇 문장만으로도 인공지능이 그림을 그려주는 세상에 살다 보니 별의별 일이 다 생깁니다. 다음 그림은 2022년 9월 미국 콜로라도 주립 박람회 미술대회에서 디지털 아트 부문 1위를 차지한 '스페이스

---

15 https://www.midjourney.com. 사용자의 명령을 받아 무언가를 만들어 주는 인공지능을 프롬프트 기반 생성형 AI라 부른다. 여기서 프롬프트는 사람의 명령을 받는 창을 의미한다.

16 미드저니 사이트는 초기 몇 장까지 만드는 것은 무료이나 이후부터는 유료 결제를 해야 사용할 수 있다.

오페라 극장'입니다. 이 그림은 몇 개의 문장을 입력하여 그림을 만들어 주는 인공지능이 그린 그림입니다. 마우스 한 번 움직임도 없이 인공지능이 그려준 그림을 예술 작품이라 할 수 있을까요?

인공지능이 그린 〈스페이스 오페라 극장〉

이 논쟁에서 상을 주어서는 안 된다는 쪽은 자신이 직접 그린 적이 없는 그림으로 상을 주는 것이 타당하지 않다고 주장합니다. 찬성하는 쪽은 포토샵과 마찬가지로 인공지능도 그림을 그리는 하나의 도구일 뿐이라고 주장합니다. 여러분은 어느 쪽 의견이 맞다고 생각하나요?

인공지능의 활약은 그림뿐만이 아닙니다. 죽은 가수의 목소리를 인공지능에 학습시켜서 새로운 음악을 만들어 내고 있습니다. DADABOTS라는 그룹은 특정 가수의 목소리로 오디오 콘텐츠를 생성할 수 있는 인공지능 소프트웨어를 사용하여 프랭크 시나트라 Frank Sinatra의 목소리를 학습해 브리트니 스피어스 Britney Spears의 〈Toxic〉을 부르는 커버 곡을 만들었습니다. 소니는 인공지능에 비틀즈의 노래를 학습시킨 후 〈Daddy's Car〉라는 비틀즈 스타일의 새로운 노래를 만들었습니다.

프랭크 시나트라가 부르는 〈Toxic〉(왼쪽) [17], 비틀즈가 부르는 〈Daddy's Car〉(오른쪽) [18]

인공지능으로 인하여 곡을 만들기도 쉬운 세상이 되었습니다. AIVA는 작곡을 도와주는 인공지능입니다. 팝, 록, 재즈와 같은 장르를 결정하면 자동으로 음악을 만들어 주며, AIVA가 만든 음악이 영화에서 실제로 사용되었습니다.

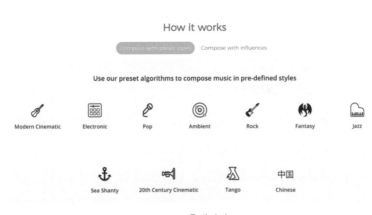

AIVA 홈페이지

그렇다면 문학 부문에도 인공지능이 사용될 수 있는지 의문이 들 것입니다. 문학에서도 인공지능이 사용됩니다. 다음 그림은 인공

---

17 출처: https://www.youtube.com/watch?v=mbh3VAzrwh8/

18 출처: https://www.youtube.com/watch?v=LSHZ_b05W7o&t=27s/

지능이 만들어 주는 소설인 Sudowrite[19]입니다. Sudowrite는 다양한 소설을 학습하여 새로운 소설을 만들어줍니다. 아직 완벽한 수준의 소설을 만들지 못하지만, 작가들은 글을 쓰다가 막히면 Sudowrite가 만드는 소설을 읽으면서 영감을 얻는다고 합니다.

sudo
write

🖐 Hello, 조성호!

I'm Sudowrite, an AI-powered writing assistant.

I'll show you around. 👀

When you're ready, click anywhere and I'll type up a quick story for us to work with.

인공지능 작가인 Sudowrite

역사상 가장 빠르게 성장한 서비스

현재 많이 사용하는 인터넷 서비스로 인스타그램과 틱톡이 있습니다. 1억 명의 사용자를 모으는 데 걸린 시간은 인스타그램이 2.5년, 틱톡이 9개월 걸렸습니다. 최근 두 달 만에 1억 명의 사용자를 모아서 역사상 가장 빠르게 성장한 서비스로 알려진 것이 있습니다. 이것이 OpenAI에서 개발한 챗GPT ChatGPT입니다. [20]

---

19 https://www.sudowrite.com

20 출처: https://www.reuters.com/technology/chatgpt-sets-record-fastest-growing-
    user-base-analyst-note-2023-02-01

챗GPT 홈페이지 [21]

챗GPT는 딥러닝 기술을 사용하여 만든 챗봇 chatbot 중 하나입니다. [22] 그런데 지금까지의 챗봇과는 수준이 다른 결과를 보여줍니다. 예를 들어 "한국 길거리 음식 3가지만 알려줘"라는 질문에 튀김, 떡볶이, 순대에 대하여 마치 사람이 이야기하는 것처럼 논리정연하게 알려줍니다. 꽤 그럴싸하죠?

> **신호** 한국 길거리 음식 3가지만 알려줘
>
> 네, 좋아요! 여기 세 가지를 추천해드릴게요.
>
> 1. 떡볶이: 어떻게 보면 가장 대표적인 한국 길거리 음식 중 하나입니다. 얼마든지 많은 곳에서 찾아볼 수 있습니다. 매콤한 양념과 쫄깃한 떡, 그리고 어울리는 어묵이나 오뎅 등이 조화를 이루어 깊고 진한 맛을 자랑합니다.
> 2. 분식: 떡볶이와 함께 대표적인 한국 길거리 음식 중 하나로, 김밥, 라면, 떡볶이, 순대, 오뎅 등의 간단한 음식들을 종합한 것을 말합니다. 분식 전문점에서는 각종 사이드 메뉴도 많아서 맛있게 먹을 수 있습니다.
> 3. 호떡: 호떡은 식감이 부드럽고 달콤한 속에 고소한 콩가루가 들어가, 먹음직스럽게 구워진 한국의 전통 간식입니다. 보통 길거리에서는 바삭하게 구워진 호떡에 캐러멜 소스를 뿌려 먹습니다.

챗GPT를 통한 길거리 음식 추천

---

21 https://chat.openai.com

22 챗GPT는 사용자의 질문에 대하여 다양한 정보를 생성해 주는 인공지능이다. 그래서 생성형 AI라고 부른다.

또한 파이썬으로 하노이 타워 코드를 만들어 달라고 하면 다음 그림과 같이 하노이 타워 코드를 만들어줍니다.

챗GPT를 통한 코딩

더 나아가 자신이 만든 코드가 작동하지 않을 때 문제가 있는 부분을 지적해 주기도 하고, 수학 문제를 풀어 주기도 하며, 특정 주제에 대하여 레포트를 만들어 주기도 합니다. 다음은 미국 SAT 시험의 수학 문제를 입력하여 챗GPT가 대답한 결과를 한국어로 자동 번역한 결과입니다. 정답뿐만 아니라 문제의 풀이과정까지 자세히 알려 줍니다. 챗GPT가 알려주는 지식의 수준이 상당히 높습니다. 기사에 따르면 챗GPT가 미국의 의사면허 시험과 로스쿨 시험에도 합격했다고 합니다. [23]

챗GPT를 사용하여 연설문을 작성하고, 학교의 과제를 대신하고, 수학이나 물리와 같은 복잡한 시험 문제를 풀며, 논문을 쓰는 데 활

---

23 출처: https://www.mk.co.kr/news/it/10619670

용하는 사람들이 늘어났습니다. 챗GPT가 만들어내는 문장이 인간의 언어와 너무 흡사하기 때문에 챗GPT에 질문하여 과제의 답을 찾고 조금 수정한 후 제출하는 학생들이 많다고 합니다.

챗GPT를 통한 수학 문제 풀이

챗GPT를 활용하는 사람이 늘어남에 따라 사회적인 문제로 번지고 있습니다. 미국 뉴욕에 있는 학교의 교내에서는 챗GPT의 사용이 금지되었고, 기계학습 관련 국제회의인 ICML International Conference on Machine Learning은 챗GPT를 이용하여 논문을 작성하는 것을 금지했습니다. 또한 일부 기업에서는 민감한 정보가 챗GPT를 통해 외부로 유출되는 것을 막기 위해 사내에서의 사용을 금지했습니다. 그런데도 챗GPT를 사용하는 사람들은 기하급수적으로 늘어나서 가끔 챗GPT가 먹통이 되는 상황에 이르렀습니다. 챗GPT 홈페이지에 접속해서 아무 질문이나 해 보면 놀라운 결과를 경험할 수 있을 것입니다.

5장

소프트웨어의 제왕, 운영체제

윈도우는 유료인데 안드로이드는 무료인 이유

2017년 서울시 강남구에서는 관내 공공기관에 무료 우산 대여 서비스를 시작했습니다. 갑작스러운 폭우에 미처 우산을 준비하지 못한 사람들을 위한 서비스였습니다. 2018년 서울 도봉구에서도 같은 취지로 버스 정류장에 무료 대여 우산함을 만들었으나 두 서비스 모두 우산이 사라지면서 지금은 더 이상 무료 우산 서비스를 찾아볼 수 없습니다. 만약 우산 관리자가 있어서 신분증을 확인하고 우산을 빌려주었다면 상황은 바뀔 수도 있었을 겁니다.

컴퓨터에는 다양한 응용 프로그램들이 설치되어 있습니다. 모든 응용 프로그램들은 키보드, 마우스, 모니터, 메모리와 같은 하드웨어를 필요로 합니다. 만약 프로그램들이 하드웨어를 먼저 차지하기 위해 싸운다면 컴퓨터는 엉망이 될 것입니다. 또한 바이러스와 같은 특정 프로그램이 하드웨어를 고의로 망가뜨리면 컴퓨터는 작동을 멈추게 됩니다.

실수든 고의든 간에 응용 프로그램의 잘못된 동작으로 인해 컴퓨터가 고장나는 것을 막기 위해서는 컴퓨터 전체를 관리하고 운영하는 소프트웨어가 필요합니다. 이를 **운영체제**Operating System라고 부르며 약자로 OS라고 합니다. 따라서 운영체제는 모든 소프트웨어 위에 존재하는 최고의 소프트웨어입니다.

운영체제의 역할

운영체제는 컴퓨터를 관리하기 위한 기본적인 규칙과 절차를 규정한 소프트웨어입니다. 컴퓨터 내의 모든 하드웨어와 응용 프로그램은 운영체제가 관리합니다. 모든 응용 프로그램은 운영체제에게 허락받은 후에만 하드웨어를 사용할 수 있습니다. 그래서 컴퓨터나 스마트폰에 전원을 켜면 가장 먼저 만나는 소프트웨어가 운영체제입니다. 운영체제가 먼저 실행되어 하드웨어를 장악한 이후에 다른 응용 프로그램들이 실행될 수 있습니다.

이미 우리는 많은 운영체제를 경험해 보았습니다. 개인용 컴퓨터용 운영체제로 마이크로소프트의 윈도우Windows와 리눅스Linux가 있으며, 애플이 만든 매킨토시 컴퓨터에는 맥OS MacOS가 설치됩니다. 또한 스마트폰용 운영체제로서 구글의 안드로이드 Android와 애플의 아이오에스 iOS가 있습니다.

컴퓨터나 스마트폰을 켜면 가장 먼저 실행되는 소프트웨어가 운영체제

다양한 운영체제의 로고

같은 운영체제라도 개인용 컴퓨터 운영체제인 윈도우와 스마트폰 운영체제인 안드로이드나 아이오에스는 태생이 다릅니다. 윈도우 운영체제의 경우, 돈을 내고 구매해야 하고, 버전이 바뀔 때마다 추가로 돈을 내야 합니다. 그러나 안드로이드나 아이오에스를 돈을 주고 구매하거나 업그레이드를 하면서 돈을 낸 적이 없을 겁니다. 그 이유를 알기 위해서는 운영체제의 계보를 이해할 필요가 있습니다.

1969년 현대의 운영체제의 기틀이 되는 '유닉스 Unix'라는 운영체제가 만들어집니다. [1] 이를 시스템 5 SYSTEM V 유닉스라고 부릅니다. 1978년 캘리포니아대학교 버클리 캠퍼스의 전산학자들이 유닉스의 코드를 새로 만든 후 소스 코드를 공개합니다. 이를 BSD Berkeley

---

1 유닉스는 AT&T의 연구원인 켄 톰프슨(Ken Thompson), 데니스 리치(Dennis Ritchie), 피터 뉴먼(Peter Neumann)이 만들었다.

Software Distribution 유닉스라 부르며 무료입니다.

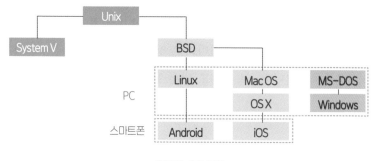

운영체제의 종류

주목할 것은 소프트웨어를 무료로 배포해 주자고 주장하는 GNU 입니다. GNU GNU is Not Unix에서 제공하는 모든 소프트웨어는 누구나 자유롭게 실행, 복사, 수정, 배포할 수 있습니다.[2] GNU는 지금까지도 다양한 소프트웨어를 개발 및 발전시켜 공개하고 있습니다. GNU 소프트웨어와 같이 저작권 없이 자유롭게 사용 가능한 소프트웨어를 오픈소스라고 부릅니다.

GNU는 대형 컴퓨터에서 돌아가던 유닉스를 개인용 컴퓨터에

2　리처드 스톨먼(Richard Stallman)은 소프트웨어를 돈 주고 사지 말고, 누구나 자유롭게 실행, 복사, 수정, 배포할 수 있게 하자는 취지에서 GNU(GNU is Not Unix) 프로젝트를 만들었다. GNU 프로젝트를 철학적·법률적·금융적으로 지원하기 위해 리처드 스톨먼이 만든 자선 단체가 자유 소프트웨어 재단(Free Software Foundation)이다. GNU는 이러한 정신에 입각해서 만든 소프트웨어의 라이선스를 GPL(General Public Licence)이라고 부른다. 자유롭게 실행, 복사, 수정, 배포가 가능한 GPL은 저작권인 'copyright'의 반대 개념으로 'copyleft'를 내세웠다. GNU 정신에 입각하여 프로그램을 만든 사람이 어떻게 돈을 벌 수 있는가에 대하여 리처드 스톨먼은 다음과 같이 말했다. "소프트웨어를 사용하다가 수정, 변경, 유지보수를 하려면 해당 소프트웨어를 만든 사람에게 돈을 지불할 것이다. 그때 정당한 비용을 받으면 된다."

서 돌아갈 수 있도록 수정하였는데 이를 주도한 인물이 리누스 토발 즈Linus Torvalds입니다. 이렇게 개발된 개인 컴퓨터용 유닉스는 리누스 토발즈의 이름을 따서 리눅스Linux라고 부릅니다. 죄송합니다. 잘 나가다 갑자기 어려워졌네요. 한마디로 정리하면 BSD 유닉스와 리눅스는 오픈소스입니다. 그 외에도 많은 오픈소스가 있고 모두 공짜입니다.

구글이 스마트폰용 운영체제를 만들 때 리눅스를 변형하여 만든 것이 안드로이드입니다. 또한 스티브 잡스는 BSD 계열의 유닉스를 변형하여 매킨토시용 운영체제를 만들었습니다. 따라서 맥OS도 유닉스입니다. 이것이 발전하여 스마트폰용 운영체제인 아이오에스가 되었습니다. 따라서 리눅스, 안드로이드, 아이오에스 모두 BSD 계열의 유닉스에서 발전하였으며, GNU의 철학에 따라 무료로 배포되고 있습니다.

아무리 오픈소스를 변형했다고 하더라도 운영체제를 만들고 유지하는 데에는 많은 비용이 듭니다. 안드로이드와 아이오에스는 그 많은 개발비를 어디서 충당할까요? 바로 앱 플랫폼인 구글 플레이 스토어와 애플 앱 스토어입니다. 구글 스토어나 애플 앱 스토어에서 돈을 쓴 적이 있을 겁니다. 대부분 유료 앱을 구매하거나 게임의 아이템을 구매할 때 돈을 쓰죠. 여러분이 앱을 통해 지불한 돈의 30%는 구글과 애플이 가져갑니다.

윈도우는 마이크로소프트 사가 자체적으로 개발한 운영체제인 MS-DOS가 발전된 형태이기 때문에 유료입니다. 아이러니하게도 무료인 리눅스, 안드로이드, 아이오에스는 안정적으로 작동하는 반면에 유료인 윈도우는 느리고 가끔씩 오작동을 합니다. 윈도우를 사용하다가 파란 화면을 보면 가슴이 철렁 내려앉습니다. 그래서 사람의 피는 빨강, 컴퓨터의 피는 파랑이라는 말이 생겼습니다. 그 이유는 분명합니다. 유닉스 계열의 운영체제는 소스 코드가 공개되고 많은 참여자가 자발적으로 참여하여 개발 및 수정한 덕분에 안정적으로 작동합니다. 이에 비하여 윈도우는 마이크로소프트에 속한 프로그래머들만이 개발 및 수정이 가능하기 때문에 여전히 불안정합니다. 그래도 다행인 것은 돈을 내지 않아도 우리가 아끼는 스마트폰에서 더 이상 파란 피를 보지 않아도 된다는 사실입니다. [3]

---

3 애플의 경우 자신이 허가한 주변장치 이외에는 아이오에스를 사용하지 못하도록 막았다. 그에 비해 개인용 컴퓨터의 주변장치는 아무나 만들어서 팔 수 있다. 인가되지 않는 주변장치까지 처리해야 하는 윈도우 운영체제가 더 대단하다고 보는 견해도 있다. 그러나 돈을 지불하고 구매했더라도 업그레이드할 때마다 윈도우는 새로 돈을 요구했다. 무료인 유닉스와 리눅스도 안정적으로 작동하는데 유료 운영체제인 윈도우가 불안정하게 작동되는 것에 대한 불만을 피할 수는 없다.

시스템 통합과 운영체제

앞서 임베디드 시스템을 설명하면서 컴퓨터는 프로그래밍이 가능한 기계라 설명하였습니다. 스마트 시계, 스마트 TV, 스마트 자동차 등에 탑재된 컴퓨터인 임베디드 시스템은 CPU 성능이 낮고, 메모리 크기가 작으며, 디스플레이 크기가 작아 특정한 작업만을 수행하는 컴퓨터입니다. 임베디드 시스템과 비교하여 일반적인 컴퓨터는 웹 서핑, 문서 작성, 영화 감상, 게임과 같은 다양한 작업에 사용되기 때문에 범용 컴퓨터 general purpose computer라고 부릅니다.

삼성 갤럭시 워치4에 적용된 Wear OS [4]

임베디드 시스템에 사용하도록 만든 운영체제를 임베디드 운영체제 embedded operating system라고 부릅니다. 대표적인 임베디드 운영체제로 애플워치에 적용된 WatchOS와 삼성 갤럭시 워치4에 적용된 구글의 WearOS가 있습니다. 범용 컴퓨터를 통해 운영체제를 경험해 보았기 때문에 윈도우나 안드로이드와 같은 일반(범용) 운영체제에

---

4 출처: https://www.samsungsvc.co.kr/solution/333844

더 익숙하겠지만, 임베디드 운영체제도 엄연히 운영체제 중 하나입니다. 임베디드 운영체제는 CPU의 성능이 낮고 메모리 크기가 작은 기계에 설치되기 때문에 일반 운영체제에 비해 크기가 작고, 몇 가지 기능이 빠져 있습니다.

자동차에서는 수많은 전자제어장치 Electronic Control Unit: ECU가 달려 있습니다. 대표적으로 엔진을 제어하는 장치, 차 안의 온도를 제어하는 장치, 오디오를 제어하는 장치 등이 있습니다. 이러한 전자제어장치는 독립적으로 존재하기 때문에 부품 개발사로부터 제어 소프트웨어를 같이 납품받아 조립하여 자동차를 만듭니다. 소프트웨어에 문제가 생기거나 업그레이드해야 하는 경우, 해당 부품 제조사에 의뢰하여 새로운 소프트웨어가 담긴 칩을 공급받아 교체해야 했습니다.

테슬라의 자율주행 시스템[5]

자동차에 자율주행 시스템이 도입됨에 따라 수많은 센서가 새로 장착되고 이를 제어하기 위한 전자제어장치의 수가 급격하게 늘어났

5 출처: https://www.tesla.com/ko_KR/autopilot5

습니다. 또한 전기 자동차가 보급되면서 자동차는 움직이는 스마트폰에 더 가까워지기 시작했고, 이러한 상황에서 운영체제를 도입하여 모든 전자제어장치를 통합적으로 관리하려는 움직임이 생겨났습니다. 대표적인 예가 테슬라입니다.

테슬라는 리눅스를 기반으로 하는 운영체제를 도입하여 자동차의 모든 조작을 자동차 안쪽 중앙의 터치스크린으로 통합하였습니다. 차의 움직임뿐 아니라 에어컨을 켜고 끄는 것, 창문을 여닫는 모든 작업이 터치스크린으로 가능합니다. 이처럼 자동차에 운영체제를 사용하면 자동차의 모든 제어를 통합할 수 있을 뿐 아니라 새로운 기능을 구현하기 쉽습니다.

예를 들어, 자동차에 창문을 조금만 여는 기능을 넣으려 한다고 가정해 보죠. 과거의 자동차는 창문의 스위치를 새로운 것으로 바꿔야 하지만, 통합 시스템에서는 소프트웨어만 변경하면 됩니다. 또한 운영체제를 업그레이드하거나 새로운 기능의 추가하는 경우, 서비스센터를 방문하지 않아도 무선통신을 이용하여 자동으로 이루어집니다. 이러한 장점으로 인하여 대형 자동차 회사들이 자체적인 운영체제를 개발하여 적용하고 있습니다. 대표적으로 현대자동차의 ccOS, BMW의 OS8, 폭스바겐의 VW.OS가 있습니다.

운영체제의 구성

운영체제에 관한 이야기가 나온 김에 조금 깊게 들어가 보겠습니다. 운영체제는 크게 **커널**kernel과 **인터페이스**interface로 나뉩니다. 커널은 운영체제의 핵심적인 기능을 모아 놓은 것입니다. 자동차로 치면 엔진에 해당합니다. 커널은 모든 컴퓨터 자원을 관리하기 때문에 사용자나 응용 프로그램은 커널을 통해서만 컴퓨터 자원에 접근할 수 있습니다. 어떤 사용자나 응용 프로그램도 컴퓨터 자원에 직접 접근할 수 없습니다.

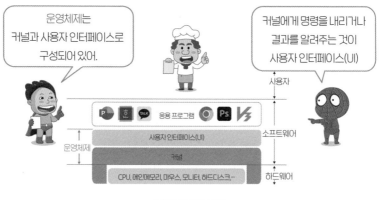

운영체제의 구성

커널에 명령을 내리고 그 결과를 전달해 주는 것은 인터페이스입니다. 자동차로 치면 커널이 엔진에 해당한다면, 핸들, 브레이크, 계기판과 같은 것이 인터페이스입니다. 인터페이스는 엔진에 명령을 내리고 조작하며 그 결과를 계기판을 통해 알려줍니다. 컴퓨터도 마찬가지입니다. 마우스나 키보드 인터페이스를 통해 컴퓨터에게 명령을 내리고 그 결과는 모니터를 통해 알 수 있습니다.

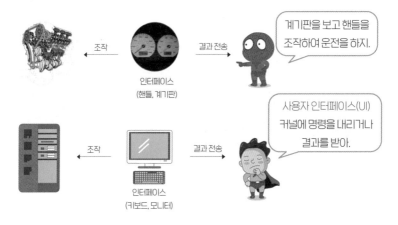

인터페이스의 예시

각종 응용 프로그램들은 하드 디스크에서 파일을 읽거나 쓰고, 모니터에 다양한 그림을 나타내게 하고, 네트워크 카드를 통해 통신합니다. 응용 프로그램이 컴퓨터 자원을 사용하는 경우 운영체제가 제공하는 인터페이스를 이용해야 합니다. [6] 디렉터리(폴더)를 새로 만든다거나 파일을 USB로 복사하는 것과 같은 작업은 운영체제가 제공하는 사용자 인터페이스를 통해 이루어집니다.

운영체제도 CPU에 의해 실행되는 프로그램이기 때문에 당연히 메모리에 올라와야 합니다. 응용 프로그램은 운영체제가 메모리에 올려서 실행하는데, 그렇다면 운영체제는 누가 메모리에 올려서 실행할까요? 컴퓨터를 켰을 때 운영체제가 메모리에 올라오는 과정을 **부팅**booting이라고 부릅니다.

---

6 커널의 기능을 사용하도록 제공되는 함수를 시스템 함수라 부르고, 이 함수를 사용하는 것을 시스템 호출(system call)이라 부른다.

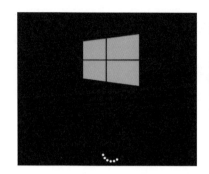

윈도우 메모리 탑재 화면(왼쪽)과 유닉스 메모리 탑재 화면(오른쪽)

사용자가 컴퓨터의 전원을 켜면 바이오스BIOS; Basic Input/Output System 라는 것이 실행되어 하드웨어를 점검합니다. 하드웨어 점검에서 이상이 없으면, 바이오스가 하드 디스크에 저장된 운영체제를 메모리로 가져와 실행합니다. [7] 이때가 바로 운영체제를 메모리로 올리는 단계입니다. 컴퓨터를 처음 켜면 운영체제가 메모리로 올라오는 과정을 매번 경험했을 겁니다. 윈도우의 경우 원이 회전하는 모습이 나타나는데, 이것이 윈도우 관련 파일이 메모리에 탑재되는 상태입니다. 유닉스에서도 컴퓨터를 켜면 운영체제 관련 프로세스들이 탑재되는 화면을 보여줍니다.

---

7 바이오스는 CPU, 메모리, 하드 디스크, 키보드, 마우스와 같은 주요 하드웨어가 제대로 작동하는지 확인하는 소프트웨어이다. 하드웨어 점검이 완료되면, 바이오스의 맨 마지막 작업은 하드 디스크의 마스터 부트 레코드(MBR, Master Boot Record)에 저장된 작은 프로그램을 메모리로 가져와 실행한다. 마스터 부트 레코드는 하드 디스크의 첫 번째 섹터를 가리키며, 운영체제를 실행하기 위한 코드인 부트스트랩(bootstrap)이 저장되어 있다. 부트스트랩 코드는 하드 디스크에 저장된 운영체제를 메모리로 가져와 실행하는 역할을 하는 작은 프로그램이다.

6장

인터페이스

작은 차이가 명품을 만든다

'아이리버'라는 한국 회사를 아십니까? MP3 음악을 기계에 담아 음악을 즐길 수 있는 MP3 플레이어를 만들던 회사입니다.[1] 1999년에 창립한 아이리버는 2004년, 창업 5년 만에 매출 4,500억 원을 달성하였습니다. 아이리버는 1세대 벤처기업의 성공신화였습니다. 당시에 아이리버의 MP3 플레이어 국내 시장 점유율은 79%이고 세계 시장 점유율은 25%에 달했습니다.

아이리버는
전 세계 25%의 시장을 장악한
한국의 MP3 플레이어 강자였어.

아이리버의 MP3 플레이어

---

1   MP3 플레이어의 종주국은 한국이다. MP3 플레이어 특허는 한국 기업인 엠피맨닷컴이 가지
     고 있었으며, 세계 최초의 MP3 플레이어도 1998년 엠피맨이라는 제품이다.

IT 역사에 큰 획을 그은 스티브 잡스의 일생도 언제나 순탄하지 않았습니다. 애플은 개인용 컴퓨터 시장에서 승승장구하다가 IBM이 만든 개인용 컴퓨터[2]에게 시장을 뺏기고 매출액이 급격히 떨어졌습니다. 창업자인 스티브 잡스는 결국 1985년에 애플에서 쫓겨납니다. 스티브 잡스가 애플에서 쫓겨난 다음 해인 1986년에 한 회사를 인수했습니다. 스티브 잡스는 디자인에 집착하는 것으로 유명합니다. 그래서일까요? 스티브 잡스가 산 회사는 그래픽과 관련된 회사입니다. 그 회사가 1995년 컴퓨터 그래픽 장편 영화인 〈토이 스토리Toy Story〉로 대박을 터트립니다. 그 회사가 바로 픽사Pixar입니다.

픽사의 애니메이션

〈토이 스토리〉가 벌어들인 수익은 3억 6천만 달러입니다. 약 20년 전에 영화 하나로 4천억 원을 벌었습니다. 또한, 2010년에 나온

---

2   IBM은 자신이 만든 개인용 컴퓨터를 누구나 제작할 수 있게 함으로써 삼보, 삼성, LG와 같은 회사들이 IBM 호환 컴퓨터를 만들어 판매하였다. 애플이 독점 생산하는 매킨토시에 비하여 가격이 저렴하였기 때문에 빠르게 보급되었다. 이 IBM 호환 컴퓨터가 현재의 개인용 컴퓨터의 원조이다.

〈토이 스토리 3〉은 1조 2천억 원을 벌어들였습니다. 픽사는 〈벅스 라이프〉, 〈니모를 찾아서〉, 〈월E〉, 〈카〉, 〈겨울왕국〉과 같은 애니메이션 등을 히트시키면서 3D 애니메이션의 명가로 자리 잡았습니다.

1996년, 경영 악화를 겪던 애플은 스티브 잡스를 다시 불러들입니다. 스티브 잡스는 속이 들여다 보이는 아이맥 G3 iMac G3와 다양한 제품을 개발하여 출시하였으나, 애플 컴퓨터의 매출은 크게 좋아지지 않았습니다. 이미 값싼 개인용 컴퓨터에 길들여진 소비자들은 비싼 애플의 매킨토시를 구매할 이유가 없었습니다. 그래픽이나 출판 업무를 하는 일부 사람들만이 매킨토시 컴퓨터를 선호하였습니다. 그러던 중 2001년 스티브 잡스는 아이팟 iPod이라는 MP3 플레이어를 출시합니다.

애플 아이팟

아이리버와 코원과 같은 한국 제품과 저가의 중국 제품이 판을 치는 MP3 플레이어 시장에 애플이 뛰어든 것은 의외의 선택이었습니다. 웬만한 사람들은 MP3 플레이어를 이미 가지고 있었기 때문에 기존 제품에 비해 2배 이상 비싼 애플의 아이팟이 팔릴지 의문이었습니다. 하지만 아이팟은 MP3 시장을 점령하였고, 벤처 성공 신화였던 아이리버는 매출 부진을 견디지 못하고 다른 회사에 팔렸습니다.

아이팟이 기존의 MP3 플레이어 제품들을 물리치고 세계 제1의 제품이 된 데는 단순하고 깔끔한 디자인, 큰 화면, 좋은 음질 등 여러 가지 이유가 있습니다. 그러나 아이팟과 다른 제품의 가장 큰 차이점은 인터페이스입니다. 앞서 설명했듯이 기계와 인간을 연결해 주는 것이 인터페이스이며 제품의 기능을 극대화합니다.

일반 MP3 플레이어와 아이팟

왼쪽 사진은 당시 가장 대중적인 MP3 플레이어이고, 오른쪽이 아이팟입니다. 일반적인 MP3 플레이어는 버튼으로 모든 기능을 작동시킵니다. 그래서 MP3 플레이어에는 여러 개의 버튼이 달려 있습니다. 그 많은 버튼의 기능을 소비자가 스스로 익혀야 합니다. 소리를 크게 하거나 작게 할 때는 옆면의 버튼을 눌러서 작동시킵니다. 갑자기 소리를 작게 만들거나 크게 만들려면 버튼을 여러 번 눌러야 하는 불편함이 있습니다.

아이팟을 보죠. 전원 버튼을 제외하고 가운데 동그란 도넛 모양의 버튼이 전부입니다. 볼륨을 올릴 때는 도넛 모양의 버튼에 손가락을 살짝 대고 시계 방향으로 원을 그리면 됩니다. 볼륨을 내릴 때는 반대 방향으로 원을 그리면 됩니다. 아주 우아하게 말이죠. 원을 그려서 볼륨을 올렸다 내렸다 하는 방식은 가정용 오디오의 볼륨 손잡이를 돌리는 것과 유사합니다. 너무도 자연스럽게 작동 방법을 배울 수 있습니다. 앞의 곡이나 뒤의 곡으로 이동할 때는 도넛 모양의 버튼 좌우를 꾹 눌러주면 됩니다. 이렇게 매력적인 디자인과 직관적이고 편한 인터페이스로 인하여 아이팟은 고급 제품으로 인식되었고 2배 이상 비싼 가격에도 날개 돋친 듯 팔렸습니다.

세계 최초 복사기의 몰락

진짜 원조 중에 아직도 승승장구하는 제품이 있습니다. 내연기관을 이용하여 현재와 같은 자동차를 처음 만든 사람은 벤츠입니다. 지금과 같은 칼날 면도기를 처음 만든 사람은 질레트입니다. 에어컨을 처음 만든 사람은 캐리어입니다. 벤츠 자동차, 질레트 면도기, 캐리어 에어컨을 들어 보았을 겁니다. 그렇다면 복사기를 처음 만든 회사는 어디일까요? 바로 제록스Xerox입니다. 제록스가 곧 '복사하다'라는 뜻이었습니다. 마치 미원이 조미료를 대표하는 것처럼요.

Xerox ⊕
명사 (문서의) 복사, 제록스

미국식 [ˈzɪrɑːks]   영국식 [ˈzɪərɒks]

Xerox의 의미 [3]

제록스는 복사기 판매로 벌어들인 막대한 이익금을 투자하여 팰로 앨토 연구소Palo Alto Research Center; PARC를 만들었습니다. 팰로앨토 연구소에 소속된 과학자 중에 유명인이 많습니다. 인터넷 전신인 아파넷을 설계한 밥 테일러Bob Taylor와 포토샵으로 유명한 어도비의 창업자 존 워넉John Warnock도 팰로앨토 연구소 출신입니다. 팰로앨토 연구소에 만든 제품 중에 유명한 것이 꽤 많습니다. 세계 최초의 개인용 컴퓨터, 최초의 노트북, 최초의 레이저 프린터도 팰로앨토 연구소에서 만들었습니다. 우리가 사용하는 LAN도 제록스에서 만들었습니다. [4] 문제는 제록스가 복사기 이외에는 관심이 없었다는 것이죠. 연구소에 속한 과학자들이 세계 최초의 노트북을 개발해서 윗사람에게 들고 가면 이거 누가 사겠냐고 핀잔해 주었다고 합니다. 그래서 세계 최초로 개발된 컴퓨터, 노트북, 레이저 프린터 등은 팰로앨토 연구소가 운영하는 박물관에 전시되었습니다.

---

3 출처: 네이버 영한사전

4 우리가 집이나 회사에서 사용하는 LAN의 정확한 명칭은 이더넷이다. 팰로앨토 연구소가 이더넷을 개발해 놓고서도 특허를 내지 않아 다른 회사들이 상품화하여 판매하게 되었고 현재 전 세계 LAN의 98%를 차지한다.

우리는 엔진보다는 자동차의 겉모습이나 인터페이스를 통하여 차를 판단합니다. 같은 엔진을 사용했다고 할지라도 승용차가 트럭보다 빠르고 운전이 쉽다고 생각합니다. 마찬가지로 같은 커널을 사용할지라도 사용자 인터페이스에 따라서 쉬운 운영체제와 어려운 운영체제로 나뉩니다. 유닉스는 많은 계산이 필요한 기업이나 연구소를 위해 만들어진 운영체제이기 때문에 인터페이스가 형편없었습니다. 그래서 유닉스는 잘 만들어진 운영체제였지만 일반인이 다루기 어려웠습니다.

애플은 유닉스 운영체제를 가지고 와서 사용하기 쉬운 인터페이스를 결합시켜 매킨토시에 탑재하였습니다. 과거의 사용자 인터페이스는 문자 기반이었습니다. 문자 기반 인터페이스에서는 사용자가 명령어를 직접 입력하여 작업하였습니다. 스티브 잡스는 마우스를 사용하여 운영체제를 쉽게 사용할 수 있도록 하였습니다. 명령어 입력 대신 마우스만으로도 작업을 처리할 수 있게 해 주는 인터페이스를 **그래픽 사용자 인터페이스**Graphic User Interface라 부르며, 영어 약자로 GUI라고 합니다. 매킨토시용 운영체제의 내부는 유닉스이지만, 잘 만든 그래픽 인터페이스 덕분에 접근하기 쉬운 운영체제가 되었습니다. 그런데 그래픽 사용자 인터페이스의 원조는 스티브 잡스가 아닙니다.

제록스 앨토 컴퓨터[5]

위 사진은 제록스의 팰로앨토 연구소에 전시되어 있던 컴퓨터입니다. 제록스는 세계 최초로 마우스를 개발하고, 마우스를 이용한 그래픽 사용자 인터페이스를 만들었습니다. 그러나 찬밥 신세가 되어 팰로앨토 연구소에 전시되어 있었습니다.

스티브 잡스가 팰로앨토 연구소를 방문하여 마우스와 그래픽 사용자 인터페이스를 보고 만든 것이 지금의 매킨토시입니다. 빌 게이츠가 매킨토시를 보고 따라 만든 것이 지금의 윈도우 운영체제입니다. 스티브 잡스가 왜 매킨토시를 따라 만드냐고 따지자, 빌 게이츠가 너도 앨토 컴퓨터를 따라 한 거 아니냐고 반박했다는 일화가 있습니다.

이렇게 대단한 제록스는 어떻게 됐을까요? 팰로앨토 연구소에 대한 스티브 잡스의 유명한 말이 있습니다. "팰로앨토 연구소는 전 세계 컴퓨터 산업 전체를 장악할 수 있었음에도 그들은 자기가 가진 것

---

5 출처: https://fineartamerica.com/featured/xerox-alto-computer-volker-steger.
   html?product=poster

들이 얼마나 대단한지 모른다." 잡스의 말처럼 팰로앨토 연구소는 선도적인 기술과 혁신적인 제품을 만들어 놓고서도 상품화하는 데는 실패하였습니다. 사실 제록스는 복사기가 너무 잘 팔려서 복사기 관련 제품이 이외의 기술들에 대해서는 상품화를 하거나 특허로 보호하려 하지 않았습니다. 복사기 시장에 새로운 강자들이 등장하여 매출은 하락세로 돌아섰으며, 결국, 제록스는 2018년에 일본 기업에게 팔리는 운명이 되었습니다.

다뤄야 하는 기계에서 경험하는 기계로

스마트폰이나 모니터의 액정을 닦는 광택용 천의 가격은 보통 5천 원에서 1만 원입니다. 애플 스토어에서 파는 광택용 천의 가격은 2만 5천 원입니다. 애플 스토어에는 이상하리 만큼 비싼 물건이 더 있습니다. 애플 맥프로 컴퓨터에 부착 가능한 바퀴 4개의 가격이 87만 9천 원으로, 컴퓨터에 바퀴를 달아 이동을 편하게 하려면 지불해야 하는 금액이 87만 원이 넘습니다. 바퀴 4개가 저가형 노트북 가격 정도이니 가성비로 따지면 최악의 제품입니다.

Apple Mac Pro Wheels Kit

애플의 가성비 떨어지는 가격 정책을 이야기하려는 것이 아닙니다. 흔히 '감성비'라 부르는, 애플이 고가의 가격 정책을 펼칠 수 있는 자신감에 대하여 생각해 보죠. 스티브 잡스는 디자인에 집착하는 사람입니다. 그의 복귀 이후 애플을 부활시킨 신호탄은 투명한 케이스를 입은 매킨토시였습니다. 그 이후 곡선을 적절하게 배치한 파워맥, MP3 플레이어 시장을 석권한 아이팟, 알루미늄을 깎아 만든 맥북까지 애플에서 만든 모든 제품의 디자인은 시대를 앞서 나갔습니다. 벌레 먹은 사과 마크를 가지기 위해 많은 사람이 기꺼이 지갑을 열었습니다.

애플의 제품들

아이폰은 디자인만으로 전 세계 1등이 되었을까요? 스티브 잡스의 디자인 철학은 단지 외형을 예쁘게 만드는 것에 그치지 않습니다. 기능을 편리하게 사용할 수 있는 디자인을 만드는 게 최종 목표입니다. 앞서 MP3 시장을 석권한 아이팟도 편리한 기능 때문이라 설명하였습니다.

아이폰의 경우를 보죠. 아이폰 이전에도 지금의 스마트폰처럼 터치스크린을 사용하는 핸드폰이 있었습니다. 아이폰을 제외한 노키아, 모토로라, 삼성의 모든 스마트폰은 손가락을 하나만 인식했습니다. 여러 장의 사진을 넘겨 가면서 볼 때는 손가락 1개만 인식해도 불편한 것이 없습니다. 그러나 사진을 확대하거나 축소하려면 옆의 버튼을 눌러야 합니다.

멀티터치

아이폰은 손가락을 동시에 여러 개를 인식할 수 있는 멀티터치 스크린을 최초로 장착하였습니다. 손가락을 1개 인식하느냐 여러 개 인식하느냐는 큰 차이입니다. 사진을 확대하거나 축소할 때, 멀티터치에서는 손가락을 오므리거나 펼치기만 하면 됩니다. 사진을 회전하는 것은 어떨까요? 기존의 방식에서는 회전 버튼을 찾아서 눌러야 합니다. 멀티터치 방식에서는 두 손가락을 돌리면 됩니다. 지금의 모든 스마트폰은 멀티터치가 지원됩니다. 지금은 모든 스마트폰에 있는 이러한 기능을 처음 스마트폰에 적용한 것이 아이폰입니다.

사용 설명서의 예시

손가락을 1개만 인식하느냐, 혹은 여러 개를 인식하느냐의 문제는 대단하지 않을 수 있습니다. 이 조그만 차이는 제품을 바라보는 근본적인 시각에서 비롯됩니다. 아이폰이 나오기 이전의 핸드폰 사용 설명서는 거의 책 한 권 수준이었습니다. 핸드폰이 발전하면서 많은 기능들이 탑재되었고, 그 기능을 설명하는 사용 설명서는 100페이지가 넘었습니다. 반면 아이폰 사용 설명서에는 간편한 팁 몇 개 이외에는 별 다른 게 없습니다. 아이폰 사용 설명서는 이렇게 말하는 것처럼요.

"써 보면 자연스럽게 알 수 있도록 쉽게 만들었습니다. 그래서 사용 설명서는 필요 없습니다."

애플과 다른 핸드폰 제조사의 차이는 광고에서도 잘 나타납니다. 당시 핸드폰 회사들의 TV 광고를 보면 어떤 최신 기술이 담겨 있는지를 설명하려고 노력합니다. 얼마나 멀리 있는 것을 찍을 수 있는지, 방수는 얼마나 잘 되는지, 앱 실행 속도는 얼마나 빠른지를 설명하려고 노력합니다. 하지만 아이폰은 음악을 연주하고, 먼 거리에 있는 사람과 공동 작업을 하고, 같이 찍은 사진을 다른 핸드폰으로 전송해 주는 것과 같이, 아이폰을 사용하여 누릴 수 있는 일상생활을 보여줍니다. 아이폰은 광고에서 이렇게 이야기합니다.

"기술은 내가 알아서 넣어놨으니 당신은 즐기기만 하면 됩니다."

기술은 숨겨두고 사용자가 다양한 경험을 할 수 있게 해 주는 제품을 만드는 것이 애플 디자인의 최종 목표입니다. 이러한 스티브 잡스의 디자인 철학은 UX라는 신조어를 만듭니다. UX란 User eXperience의 약자로 '사용자 경험'이라는 의미입니다. 과거 제품 디자인은 최신 기능을 보여주는 데 초점이 맞추어져 있었습니다. 아이폰은 얼마나 최신의 기술을 사용하고 있는지, 카메라의 화소는 얼마나 높은지를 설명하지 않습니다. 다른 어떤 핸드폰을 사용했을 때보다 편리하게 더 예쁜 사진을 얻을 수 있다는 믿음을 제공합니다.

사용자 인터페이스는 컴퓨터와 같은 기계에 명령을 내리는 것에 초점이 맞춰져 있었습니다. 이제는 인터페이스가 단순히 명령을 내리는 것뿐 아니라, 사용자와 기계가 상호 교감을 통하여 다양한 곳에 활용되고 부가가치를 만드는 방향으로 발전하고 있습니다. 사용자 경험ux의 대표적인 예로 시리와 같은 음성 인터페이스가 있습니다. 음성 인터페이스를 사용하면 사용자의 의도를 파악하여 명령을 수행할 뿐 아니라 사용자가 궁금해할 것 같은 날씨, 뉴스, 증권 정보를 알려줍니다. 사용자의 경험을 중시하는 인터페이스는 기계뿐 아니라 산업 디자인, 서비스, 마케팅, 경영학에도 중요한 이슈가 되고 있습니다.

개발자 인터페이스

앞서 사용자와의 인터페이스를 설명하였지만, 개발자를 위한 인터페이스도 있습니다. 예를 들어 배달 서비스나 길 찾기 서비스를 개발하려 한다고 가정해 보죠. 위치를 기반으로 하는 서비스를 만들기 위해 지도를 직접 구축하는 것은 비용이 많이 듭니다. 가장 좋은 방법은 기존에 구축된 지도 서비스를 이용하여 위치기반 서비스를 개발하는 것입니다. 구글은 위치기반 서비스를 개발하려는 개발자들을 위해 구글 지도google maps를 사용할 수 있게 해줍니다.

지도를 지원하는 API 및 SDK:

Maps SDK for Android	Maps SDK for iOS	Maps Static API
Android 앱에 지도를 추가합니다.	iOS 앱에 지도를 추가합니다.	웹사이트에 최소한의 코드로 삽입 가능한 간단한 지도 이미지를 추가합니다.
Maps JavaScript API	Street View API	지도 URL
웹사이트에 대화형 지도를 추가합니다. 자신만의 콘텐츠와 이미지를 사용하여 지도를 맞춤설정합니다.	360도 파노라마 형식의 실제 이미지를 삽입합니다.	Google 지도를 실행하고 교차 플랫폼 URL 구성표를 사용하여 검색 또는 경로와 같은 작업을 시작합니다.

구글 지도 API와 SDK 지원 화면[6]

구글 지도를 사용한다는 것은 무엇을 의미할까요? 주소를 입력하면 위치를 표시해 주고, A 지점에서 B 지점까지 갈 수 있는 길을 안내해 주며, 도착할 때까지 걸리는 시간을 계산해 줍니다. 구글 지도를 사용할 수 있는 다양한 함수를 제공하는데 이를 응용 프로그램 인터페이스라 부르며 영어로 API Application Programming Interface라고 부릅니다.

---

6 https://developers.google.com/maps/

API는 구글 지도와 같이 커다란 프로그램을 이용하여 새로운 서비스를 개발하려는 개발자에게 제공하는 인터페이스입니다.

프로그램 개발자를 위해 API뿐 아니라 API 사용 매뉴얼, 프로그램 개발에 필요한 코드 편집기, 에뮬레이터 같이 개발에 도움을 줄 수 있는 응용 프로그램도 필요합니다. 이렇게 API 개발을 위해 필요한 여러 가지 소프트웨어를 하나로 묶어서 배포하는 것이 소프트웨어 개발 키트, 영어로 SDK Software Development Kit입니다. 한 마디로 개발자를 위한 종합선물 세트라고 할 수 있습니다. 대표적인 예로 윈도우용 SDK인 비주얼 스튜디오가 있으며, 안드로이드용 SDK인 안드로이드 스튜디오가 있습니다.

과거에는 컴퓨터 주변장치가 다양하지 않았었습니다. 현대에는 다양한 형태의 마우스, 키보드, 모니터, 저장장치, 그래픽 카드, 프린터들이 존재합니다. 이러한 하드웨어들은 운영체제가 관리합니다. 운영체제 입장에서 보면, 다양한 규격의 하드웨어를 모두 사용할 수 있는 환경을 제공하려면 각 하드웨어에 맞는 프로그램(하드웨어 인터페이스)을 따로 개발해야 합니다. 그러나 각 하드웨어의 특성은 하드웨어 제작자가 가장 잘 알고 있기 때문에 하드웨어 제작자가 하드웨어 인터페이스를 만드는 것이 더 효율적입니다.

운영체제와 하드웨어를 연결하여 사용할 수 있게 하는 소프트웨어, 즉 하드웨어 인터페이스를 디바이스 드라이버 device driver 혹은 드라이버라고 부릅니다. 현대의 운영체제는 주변장치와 데이터를 주고받는 표준 방식을 정하였고, 표준을 따르는 주변장치는 컴퓨터에 꽂기만 하면 바로 사용할 수 있습니다. 이를 플러그 앤 플레이 plug-and-play

방식이라고 부릅니다.

　모든 주변장치가 플러그 앤 플레이 방식을 제공하는 것은 아닙니다. 주변장치의 기능이 복잡한 경우 따로 디바이스 드라이버를 설치해야만 합니다. 추가로 디바이스 드라이버를 설치해야 하는 대표적인 주변장치로 그래픽 카드와 프린터가 있습니다. 그래픽 카드를 새로 사거나 프린터를 새로 구매하면 제공되는 디바이스 드라이버를 설치해야만 주변장치의 기능을 모두 사용할 수 있습니다.

　개발자 인터페이스를 설명한 김에 개발자들은 어떤 프로그래밍 언어를 사용하는지 살펴보죠. 다음 그림은 티오베 tiobe 사이트에서 공개한 2023년에 가장 많이 사용되는 프로그래밍 언어 순위입니다.

2023년 3월	2022년 3월	프로그래밍 언어	비율	변화율
1	1	파이썬	14.83%	+0.57%
2	2	C언어	14.73%	+1.67%
3	3	자바	13.56%	+2.37%
4	4	C++	13.29%	+4.64%
5	5	C#	7.17%	+1.25%
6	6	비주얼 베이직	4.75%	−1.01%
7	7	자바스크립트	2.17%	+0.09%
8	10	SQL	1.95%	+0.11%
9	8	PHP	1.61%	−0.30%
10	13	Go	1.24%	+0.26%

티오베 사이트의 2023년 3월 프로그램 언어 순위[7]

　최근에 가장 주목받는 프로그래밍 언어는 바로 파이썬 Python 입니다. 파이썬은 다른 언어보다 간단하고 쉬운 문법을 가지고 있습니다. 그래서 배우기 쉽습니다. 최신에 유행하는 인공지능 프로그램이나

7 　출처: https://www.tiobe.com/tiobe-index/

빅데이터 분석 프로그램들은 파이썬을 기본으로 하고 있습니다. 그래서 구글과 같은 대형 IT 기업들은 파이썬 프로그래머를 선호합니다. 요즘은 각 대학에서도 파이썬 교육을 강화하는 추세입니다.

10여 년 전까지만 하더라도 개발자들은 골치 아픈 문제를 가지고 있었습니다. 프로그램을 만들 때 가장 일반적으로 사용하는 C언어의 호환성 때문이죠. 앞서 설명했듯이 윈도우를 제외한 대부분 운영체제는 유닉스를 기반으로 합니다. 유닉스가 대형 컴퓨터, 애플 컴퓨터, 개인용 컴퓨터에 이식되면서 조금씩 변화했습니다. 그러다 보니, C언어로 프로그램을 만들더라도 각 운영체제에 맞추어 수정해야 했습니다. 예를 들어 유닉스에서 작동하는 C언어 프로그램이 윈도우에서 작동하지 않은 것은 물론, 다른 버전의 유닉스에서도 작동하지 않았습니다.

C언어가 가지고 있던 호환성 문제를 해결한 언어가 바로 자바입니다. 자바로 프로그래밍을 하면 대부분 운영체제에서 작동하기 때문에 코드를 수정할 필요가 없습니다. 다시 말해 하나의 소스 코드로 여러 커널에서 사용할 수 있습니다. 자바가 작동하는 원리는 매우 간단합니다. 운영체제 위에 **가상머신** virtual machine을 만들고 그 위에서 자바 응용 프로그램이 작동하게 하는 것입니다.

가상머신의 구조

앞의 그림은 가상머신의 구조를 보여줍니다. 가상머신은 운영체제의 커널과 응용 프로그램 사이에서 작동하는 프로그램입니다. 가상머신을 설치하면 응용 프로그램이 모두 동일한 환경에서 작동하는 것처럼 보입니다. 따라서 개발자가 하나의 코드만 만들면 여러 커널에서 똑같이 실행할 수 있습니다. [8] 그래서 자바 언어가 3위에 랭크되어 있습니다.

C언어는 문법이 어렵고 호환성이 떨어지는데도 불구하고 여전히 2위에 있는 것에 놀라실 겁니다. C언어는 모든 언어의 기초가 됩니다. 자바, C++, C# 모두 C언어를 기본으로 만들어졌습니다. 따라서 자바, C++, C#을 공부하기 전에 C언어를 먼저 공부하는 것이 좋습니다. 사실 C언어의 강점은 실행 속도입니다. 같은 코드를 만들더라도 C언어가 자바의 약 10배, 파이썬의 약 30배 정도 빠릅니다. 물론 컴퓨터의 성능이 좋아져서 느린 속도가 문제가 되지 않을 수 있습니다. 그러나 가전제품이나 통신기기의 경우 강력한 컴퓨터를 탑재할 수 없습니다. 따라서 임베디드 시스템에서는 빠르게 작동하는 C나 C++을 사용합니다. 그래서 만들어진 지 수십 년이 지난 C언어가 여전히 사랑받고 있습니다.

---

8 자바는 유닉스와 윈도우에서 작동하는 다양한 가상머신을 만들어 배포하는데 이를 자바 가상머신(Java Virtual Machine, JVM)이라고 부른다.

7장

P2P와 클라우드

불법이 키운 열매

미국과 소련이 우주로 로켓을 보내기 시작한 초기의 일입니다. 미국에서 당시 사용되던 만년필이 무중력 상태에서는 글을 쓸 수 없었기 때문에 이를 대신할 필기도구가 필요했습니다. 많은 개발비를 쏟아부어 만든 필기도구가 바로 볼펜입니다. 소련은 어떻게 해결하였을까요? 연필을 사용하였습니다. 이렇듯 문제를 다른 각도로 바라보면 쉬운 해결 방법도 존재합니다.

우리가 현재 사용하는 웹web 시스템은 서비스를 요청하는 클라이언트와 해당 서비스를 받아주는 서버로 구성되어 있습니다.[1] 예를 들어 크롬에 네이버 주소를 입력하면 네이버 서버에서 홈페이지를 가져와서 보여주는 구조입니다. 이러한 구조를 **클라이언트-서버**client-server라고 부릅니다. 클라이언트-서버 구조는 거의 모든 인터넷 서비

---

[1] 웹 시스템에서 서비스를 요청하는 클라이언트가 웹 브라우저(Web browser)이며 세계 최초의 웹 브라우저는 모자이크(Mosaic)이다. 모자이크를 마이크로소프트가 따라 만든 것이 인터넷 익스플로러이며 현재는 엣지 브라우저가 사용된다.

스의 근간을 이루는 구조이기 때문에 한 번쯤 들어 봤을 겁니다.

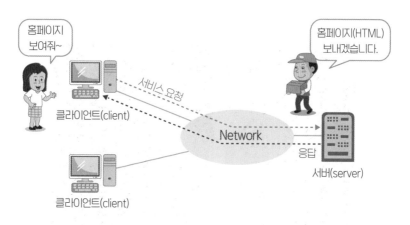

클라이언트–서버 구조

클라이언트–서버 구조의 가장 큰 문제는 서버 과부하입니다. 클라이언트의 모든 요청이 서버로 몰리기 때문에 서버를 사용하는 회사들은 매우 큰 규모의 네트워크와 서버를 관리해야만 합니다. 얼마 전 카카오톡 서버가 있는 데이터 센터가 불이 나서 카톡 서비스 일부가 중단된 적이 있습니다. 서버가 중단되는 경우 피해 규모는 상상을 초월합니다. 그래서 대형 서버를 운영하는 기업들은 여러 곳에 서버를 분산시켜 배치합니다. 하나의 서버에 이상이 생기더라도 다른 서버가 일을 대신 하도록 합니다. [2]

IT 기업의 서버가 있는 데이터 센터의 크기는 상상을 초월합니다. 사진은 미국 구글의 데이터 센터 내부 모습입니다. 어마어마하죠? 구

---

2 같은 종류의 서버를 다른 지역에 배치하여 하나의 서버가 이상이 생길 경우, 다른 서버로 즉시 서비스를 옮길 수 있도록 하는 것을 서버 이중화라 부른다.

글이나 애플 서버의 경우 마을 하나의 크기입니다. 그래서 서버 농
장server farm이라고 부릅니다.

구글 데이터 센터 내부

1999년, 미국의 숀 패닝이라는 19살짜리 학생이 아주 기발한 생
각을 해냅니다. 당시에 개인들은 컴퓨터에 MP3 음악 파일을 많이 가
지고 있었습니다. 전 세계의 개인용 컴퓨터에 있는 MP3 파일을 모아
서 서로 나눠 가질 수 있는 방법을 찾고 있었습니다.

만약 전 세계의 모든 MP3 파일을 서버에 모아서 공유한다면 서버
의 과부하는 불 보듯 뻔했습니다. 대기업 수준의 서버 농장을 마련할
자금도 없었습니다. 그래서 숀 패닝은 새로운 구조를 생각해냅니다.
서버에는 각자 가지고 있는 MP3 파일의 목록만을 보관합니다. 사용
자가 원하는 MP3를 서버에서 찾으면, 해당 파일을 가진 컴퓨터로부
터 직접 내려받습니다. MP3 파일을 전송할 때 서버를 거치지 않기
때문에 서버에 대한 부담이 현저히 줄어듭니다.

요청이 서버에 집중되면 서버 과부하가 발생해!

Peer끼리 직접 통신하면 서버 부하를 줄일 수 있어.

클라이언트

PEER

서버

MP3 목록

클라이언트 서버 구조(왼쪽)와 P2P 시스템(오른쪽)

숀 패닝이 만든 이러한 시스템은 서버를 거치지 않고 컴퓨터peer에서 컴퓨터peer로 직접 전송한다는 의미로 Peer-to-Peer 시스템, 약자로 P2P라고 부릅니다. 여기서 영어로 Peer란 '동료'라는 의미인데 서로 동등한 입장에서 공유한다는 의미를 담고 있습니다. 강력한 서버가 없어도 자유롭게 MP3 파일을 공유할 수 있는 환경이 만들어집니다. 이렇게 만들어진 MP3 공유 서비스가 냅스터Napster이며, 냅스터를 따라 만든 국내 서비스가 소리바다입니다. 냅스터는 많은 사람이 사용하였으나 불법 파일 공유 문제로 역사에서 사라졌습니다. [3]

비록 냅스터는 사라졌지만, P2P 시스템은 다른 곳으로 번져 나갔습니다. 메신저가 바로 P2P 시스템입니다. 서버를 거쳐서 수억 명이 서로 통신한다면 시스템은 견디지 못했을 겁니다. 메신저의 서버는 사용자 인증과 친구 목록만 보관하고 있고, 채팅하거나 파일을 주고받을 때는 서버를 거치지 않고 직접 연결됩니다. 개인용 컴퓨터에서

---

3 소리바다로 P2P 음악파일 서비스로 시작하였으나 불법 파일공유 문제로 멜론과 같은 음악 스트리밍 사이트로 변신하였다. 그러나 멜론이나 벅스와 같은 대형 음악 스트리밍 사이트의 경쟁에 밀려 주식시장에서 상장 폐지되었다.

사용하던 메신저가 스마트폰으로 옮겨 오면서 이제는 없어서는 안되는 앱이 되었습니다. 대표적인 것이 바로 카카오톡입니다.[4] 더 나아가 블록체인도 일종의 P2P 시스템입니다. 결론적으로 무료 불법 공유 서비스를 위해 개발된 P2P가 이제는 클라이언트-서버와 함께 대표적인 IT 시스템으로 자리를 잡게 됩니다.

믿지고 판다

외국인이 한국에 오면 놀라는 일이 여러 가지가 있습니다. 첫째로 말도 안 될 만큼 빠른 인터넷 속도입니다. 실제로 우리나라 인터넷 보급률이나 유무선 통신 속도는 세계적인 수준입니다. 둘째로 세계 최고 수준의 치안입니다. 카페나 도서관에서 자리를 맡기 위해 가방이나 노트북을 빈 자리에 올려놓아도 전혀 문제가 없습니다. 외국의 경우 눈 깜짝할 사이에 누군가 집어 갔을 겁니다. 이상한 건 비싼 노트북이나 가방은 잘 안 가져 가는데, 자전거는 왜 잘 없어지는지 모르겠습니다. 엄복동의 나라여서 한국인은 자전거에 애착이 많은가 봅니다. 마지막으로 외국에서는 찾아볼 수 없는 택배 문화입니다. 인터넷에서 물건을 구매하면 몇 시간 뒤에 배송됩니다. 역시 배달의 민족입니다.

로켓배송을 처음 시작한 회사는 쿠팡입니다. 쿠팡은 2010년에 창업하고 미국에 상장된 한국계 쇼핑몰 회사입니다. 로켓배송을 무기

---

4 조그만 회사에서 시작한 카카오톡은 당시 대형 포털기업인 다음(Daum)과 하나가 되었다. 외형적으로는 다음이 카카오톡을 인수한 것처럼 보이지만, 실제적으로는 카카오톡이 다음을 인수했다고 보는 시각이 우세하다.

로 공격적인 마케팅을 펼쳐서 2022년도에는 25조 7천억 원의 매출을 기록합니다.

coupang

🚀 로켓배송   🚀 로켓프레시 N

쿠팡의 배송

쿠팡은 로켓배송을 위해 자체적인 물류센터를 지속적으로 확장하는 데 많은 자금을 소비했습니다. 인터넷 쇼핑몰의 특성상 비싼 가격에 물건을 팔 수 없고, 자체적인 물류로 인하여 고정비가 계속 증가했습니다. 그래서 쿠팡은 2014년 창사 이후 2022년이 되어서야 흑자 전환에 성공합니다. 한 마디로 그동안 밑지고 물건을 판 겁니다. 평범한 회사였다면 벌써 망했을 겁니다. 그러나 쿠팡은 외부 투자자로부터 자금을 수혈받아 계속 몸집을 키웠습니다.[5] 그럼 투자자들은 6조 원의 적자가 있는 회사에 왜 투자했을까요?

2006년 구글은 유튜브를 16억 달러, 약 2조 2천억 원에 인수합니다. 구글이 인수할 당시 유튜브는 온라인 동영상 사이트로 유명했지만 변변한 매출도 없었습니다. 구글 인수 후 2년 후인 2008년 유튜브 매출은 1,400억 원 정도로 미비하여 구글의 애물단지였습니다. 지금은 어떨까요? 구글이 매출 자료를 공개하지 않아 정확히는 알 수

---

5 쿠팡의 주요 투자자는 일본 소프트뱅크 회장인 손정의다. 손정의는 두 번에 걸쳐 4조 원을 투자하였다.

없지만, 유튜브의 매출은 2022년에 연 25조 6,500억 원에 이른 것으로 추정됩니다. [6] 스마트폰 이용 앱 순위를 보면 유튜브가 1, 2위를 다툽니다. 전 세계 사람들이 가장 많이 보는 비디오 스트리밍 사이트가 유튜브이기 때문에 광고 수입뿐 아니라 광고 없이 볼 수 있는 '유튜브 프리미엄' 가입으로 벌어들이는 돈이 한 해 수십조 원에 이릅니다. 바로 이것이 플랫폼의 힘입니다.

유튜브 프리미엄

플랫폼 비즈니스는 많은 사용자를 확보한 이후 다양한 부가가치 사업을 펼쳐서 이익을 창출하는 사업을 가리킵니다. 플랫폼 비즈니스의 기본은 최대한 많은 사용자를 확보하는 것이기 때문에 사업 초기에는 많은 투자가 필요한 구조입니다. 그러나 일정 수준의 사용자가 확보된 이후에는 부가 사업을 통하여 폭발적인 매출을 일으킬 수 있습니다.

카카오를 보죠. 카카오톡 메신저 초기에는 기술 개발과 서버 시스

---

6 출처: https://post.naver.com/viewer/postView.nhn?volumeNo=27438192&memberNo=43209292

템 유지를 위해 막대한 자금이 투입됐지만, 매출은 매우 미미했습니다. 사용자가 기하급수적으로 늘어나자 카카오는 다양한 사업을 펼치고 있습니다. 카카오게임, 인터넷 은행인 카카오뱅크, 간편 결제 시스템 카카오페이, 카카오내비, 카카오택시 등으로 사업을 펼쳐 국내 최대의 모바일 플랫폼 기업이 되었습니다. 창사 이래로 조금씩 적자를 내다가 2011년도에는 153억 원의 적자를 기록했던 카카오는 2022년 매출 7조 1천억 원, 영업이익은 5,803억 원의 회사가 되었습니다.

쿠팡이 지향하는 바는 분명합니다. 지금은 적자가 나더라도 많은 수의 사람들을 쿠팡으로 끌어들여 플랫폼 사업을 하려는 것입니다. 다른 플랫폼 회사들이 그러했듯이 많은 회원을 대상으로 다양한 부가 서비스를 개발하여 이익을 창출하는 것이 쿠팡의 목표입니다.

아마존 밀림에 숨겨진 컴퓨터

2019년 미국 아마존의 CEO 제프 베이조스가 부인과 이혼했는데 이혼 조건으로 아마존 지분의 4%를 부인에게 주었습니다. 당시 아마존의 기업 가치가 1,000조 원이었기 때문에 이혼으로 부인이 받은 주식의 가치는 약 40조 원이나 됩니다. 그래서 역사상 가장 비싼 비용을 지불하고 이혼한 것으로 기록되었습니다. 아마존은 쿠팡과 같은 인터넷 쇼핑 플랫폼입니다만 쇼핑몰과 관련해서는 큰 이익을 못 내고 있습니다. 1,000조 원의 가치를 인정받는 아마존의 힘은 다른 데 있습니다.

인터넷이 대중화된 지금, 각 기업은 홈페이지를 운영합니다. 홈페이지를 위하여 서버와 네트워크를 구매하여 운영해야 하고 외부의 침입자로부터 컴퓨터 자원을 보호해야 합니다. 또한 홈페이지 방문자가 많아지면 서버와 네트워크를 증설해야 합니다. 서버를 관리하는 전산팀은 365일 쉴 수가 없습니다.

아마존에는 1억 개 이상의 물품이 등록되어 있습니다. 따라서 고객관리, 구매, 결제, 배송관리를 위하여 막대한 규모의 서버와 네트워크를 구축하였습니다. 365일 쉬지 않고 모든 업무가 자동으로 돌아가는 전산 시스템을 구축하는 데 막대한 자본을 쏟아 부었습니다. 그래서 세계 최고 수준의 전산 시스템을 보유하게 되었습니다. 어느 날 아마존은 이렇게 막강한 전산 시스템을 외부에 개방하면 돈을 벌 수 있을 것이라고 생각했습니다. 아마존이 외부 회사에 웹 시스템을 구축하기 위한 전산 시스템을 임대하고 매달 돈을 받는 서비스가 아마존 웹 서비스 Amazon Web Services; AWS입니다.

AWS와 애저

A 회사가 홈페이지를 구축하려 한다고 가정해 보죠. 서버와 네트워크를 직접 구매하여 관리하는 대신에 AWS에 자신의 홈페이지를 등록하는 것만으로 웹 서비스를 시작할 수 있습니다. 매달 일정 금액의 사용료만 지불하면 모든 관리는 AWS가 담당하기 때문에 회사는 전산 시스템의 유지·관리·보수의 부담으로부터 벗어날 수 있습니다.[7]

AWS와 같은 컴퓨팅 환경을 클라우드 컴퓨팅cloud computing이라 부릅니다. 서비스 제공자가 어떤 하드웨어를 사용하는지, 어떻게 관리하는지 신경 쓸 필요없이 사용자는 서비스를 이용할 뿐입니다. 서버, 네트워크, 저장장치와 관리 시스템이 구름에 가려 안 보인다는 의미로 클라우드 시스템이라 부릅니다.

AWS를 이용하는 한국 기업(2022년 기준)

---

7 서버, 네트워크, 저장장치와 같은 전산 시스템 인프라를 빌려서 사용하는 서비스를 IaaS(Infrastructure as a Service)라 부른다. IaaS는 클라우드 시스템을 구성하는 여러 서비스 중 하나로 전산 시스템을 구축하는데 필요한 인프라를 서비스 형태로 제공받음으로써 유지, 관리, 보수의 문제가 완화된다.

클라우드 웹 서비스 분야에서 전 세계적으로 아마존이 1등이고, 그다음으로 마이크로소프트의 애저 Azure가 2등입니다. AWS는 해외 기업뿐 아니라 국내기업들도 많이 이용하고 있습니다. LG, 11번가, 인터파크와 같은 유명한 기업들이 AWS를 이용하고 있습니다.

애플 제품에 열광하는 이유

클라우드 컴퓨팅은 언제 어디서나 컴퓨터 자원이나 소프트웨어에 접근할 수 있는 유연한 컴퓨터 환경입니다. 서비스 제공자 관점에서 보면 하드웨어, 소프트웨어, 네트워크의 용량, 보안의 문제를 신경 쓰지 않고 지속적으로 인터넷 서비스를 제공할 수 있는 환경을 만들어 줍니다.

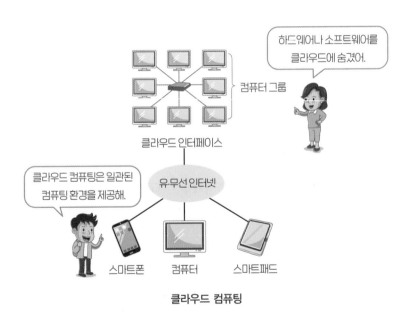

클라우드 컴퓨팅

클라우드 컴퓨팅은 일반인에게도 깊숙하게 침투되어 있습니다. USB 드라이브에 저장하여 옮겨 다니던 데이터가 클라우드 환경으로 옮겨오면서 더 이상 데이터를 들고 다닐 필요가 없어졌습니다. 개인용 컴퓨터 운영체제인 윈도우로 예를 들면, 과거에는 돈을 주고 윈도우를 사면 설치용 DVD와 설치설명서를 주었습니다. 현재 윈도우 11은 정품 라이선스 키를 구입한 후 윈도우 11 설치 파일을 다운로드하면 인터넷으로 바로 설치할 수 있습니다. 스마트폰에서 사용하는 대부분 앱도 무선통신을 이용하여 자동으로 설치됩니다. 이제는 소프트웨어를 DVD나 USB 드라이브에 담아 배포하지 않아도 되는 세상이 되었습니다.

인터넷으로 윈도우 설치

사진 편집 프로그램이나 동영상 편집 프로그램도 스마트폰에 설치하면 간단하게 사용하고 사용한 만큼 돈을 지불하면 됩니다.[8] 예를 들어 업무에 필요한 회계 프로그램을 회사 컴퓨터에 설치하지 않고 회계 프로그램을 제공하는 웹 사이트에 접속하여 이용하면 됩니다.

---

8 SaaS(Software as a Service)는 소프트웨어적으로 컴퓨팅 환경을 통합한 것이다. SaaS는 사용자가 필요한 소프트웨어 기능만 필요할 때 이용하고, 이용한 기능만큼만 비용을 지불하는 개념으로, 네트워크를 통해 표준화된 솔루션을 서비스한다.

포토샵이나 오피스 프로그램도 돈을 주고 소프트웨어를 구매해서 사용하는 것이 아니라 매달 돈을 지불하고 서비스를 이용하는 형태로 바뀌었습니다.

과거에는 휴대전화를 새것으로 바꿀 때는 절차가 복잡했습니다. 사용하던 휴대전화에 있는 전화번호나 사진 파일들을 새로운 휴대전화로 옮기려면 두 휴대전화를 선으로 연결해야 했습니다. 또한 휴대전화가 고장이라도 나면 모든 데이터가 사라졌습니다. 그래서 중요한 데이터는 개인이 알아서 백업backup해야만 했습니다.

현재 스마트폰의 모든 데이터는 클라우드에 저장됩니다. 전화번호, 사진, 환경 설정처럼 스마트폰에 있는 모든 데이터가 클라우드에 저장됩니다. 새로운 스마트폰을 구매할 경우 클라우드에서 자료를 내려받기만 하면 이전 스마트폰과 똑같은 상태로 만들 수 있습니다. 설령 스마트폰을 분실하거나 고장 나더라도 데이터는 사라지지 않습니다. 따라서 개인이 데이터를 따로 백업할 필요가 없습니다. 지금의 클라우드 환경에서는 새 폰으로 바꾼 후 클라우드에서 내려만 받으면 구형 폰의 데이터뿐 아니라 설정까지도 똑같이 맞춰져 있습니다.

구글 크롬도 클라우드 환경으로 진화하였습니다. 자신의 아이디로 로그인만 하면 어디든지 상관없이 똑같은 설정으로 맞춰져 있습니다. 예를 들어 집에 있는 컴퓨터에서 새로 찾은 홈페이지를 북마크하였다고 가정해 보죠. 회사에 와서 크롬에 로그인하면 집에서 추가된 북마크가 회사 컴퓨터에서도 그대로 보입니다. 크롬의 다른 설정도 마찬가지입니다. 클라우드 컴퓨팅은 언제 어디서나 같은 환경에서 컴퓨터를 사용할 수 있는 환경을 만들어줍니다.

다양한 기기에서 사용 가능한 구글 크롬 브라우저

클라우드를 통한 모든 IT 기기의 통합에 있어서 애플 제품이 단연 앞섭니다. 삼성 스마트폰이나 태블릿에는 안드로이드가 설치되어 있고 구글 클라우드를 사용합니다. 삼성의 노트북이나 컴퓨터에는 윈도우가 설치되어 있고 마이크로소프트 클라우드를 사용합니다. 따라서 노트북의 데이터나 설정을 스마트폰으로 옮기는 것이 불가능한 것은 아니지만 간단하지 않습니다. 애플은 어떨까요? 스마트폰, 태블릿, 노트북, 컴퓨터에 애플의 운영체제가 설치되어 있고 애플 클라우드를 이용합니다. 애플의 스마트폰, 태블릿, 노트북, 컴퓨터는 마치 하나의 기계처럼 작동합니다. 애플 제품만 사용한다면 스마트폰에서 다운로드한 음악을 노트북에서 바로 들을 수 있고, 컴퓨터에서 작성한 문서를 태블릿에서 바로 볼 수 있습니다. 사람들이 왜 애플 제품에 열광하는지 이해가 되지 않나요?

구름 속으로 통합되다

알파고가 이세돌 9단과 대결할 때 대국장에는 작은 컴퓨터 한 대뿐이었습니다. 알파고의 모든 계산은 미국에 있는 구글 클라우드에서 하고, 계산 결과만 한국으로 전송하였습니다. 이제는 컴퓨터를 들고 다니지 않아도 모든 작업이 가능한 세상이 되었습니다.

또 다른 클라우드 컴퓨팅의 예를 보죠. 2022년 미 공군은 전략폭격기 B-21 레이더 Raider를 발표했습니다. 최신 기술이 집약된 스텔스기인 B-21은 클라우드 컴퓨팅 기술을 이용합니다. 폭격기가 비행및 목표물 공격을 위해서는 막대한 연산이 필요합니다. 과거에는 계산에 필요한 컴퓨터를 비행기 안에 탑재하였습니다. B-21 레이더는무선 통신을 통해 데이터를 클라우드로 보내고 결과를 받습니다. 클라우드에 연산을 맡김으로써 더 많은 작업을 빠르게 할 수 있게 되었습니다. 이렇게 폭격기조차 클라우드 컴퓨팅을 이용하는 세상에 살고 있습니다.

전략폭격기 B-21 레이더

빅데이터 분석이나 딥러닝을 수행하기 위해서는 커다란 컴퓨팅 파위를 필요로 합니다. 여러 대의 GPU를 탑재한 컴퓨터를 구비하여 연산을 맡길 수도 있습니다. 그러나 이러한 시스템 구축에는 막대한 비용과 시간이 필요합니다. 또 다른 방법은 클라우드에 마련된 인터페이스를 사용하여 빅데이터 분석이나 딥러닝을 수행하는 것입니다. 대부분 클라우드 시스템이 딥러닝, 블록체인, 빅데이터 분석, 사물인터넷을 위한 클라우드 인터페이스를 제공합니다. 다음 그림은 아마존 클라우드의 제품군을 나타냅니다.

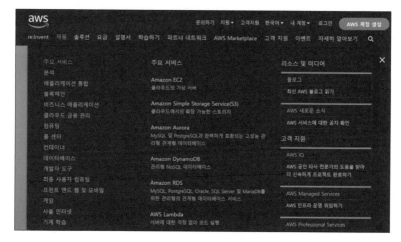

아마존 클라우드의 제품군

구글도 딥러닝, 블록체인, 빅데이터 분석, 사물 인터넷을 위한 클라우드 인터페이스를 세공할 뿐 아니라 다양한 개발 환경도 제공합니다. 특히 텐서플로TensorFlow는 구글이 2015년에 오픈소스로 공개한 파이썬 기반의 기계학습 개발 환경입니다. 딥러닝, 기계학습과 관련된 개발을 할 때 구글의 클라우드 인터페이스를 활용하여 일반인도 쉽게 사용할 수 있습니다.

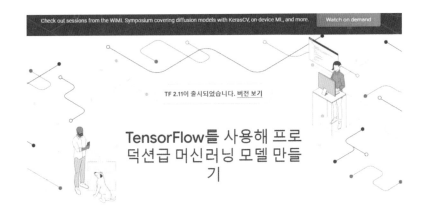

TF 2.11이 출시되었습니다. 버전 보기

TensorFlow를 사용해 프로덕션급 머신러닝 모델 만들기

선행 학습된 모델을　　다양한 실력 수준에　　연구에서 프로덕션

텐서플로 홈페이지

구글 갑질 방지법

운영체제는 매우 복잡한 소프트웨어이기 때문에 개발에 많은 기술자를 필요로 하고, 개발 비용도 많이 듭니다. 그래서 전 세계적으로 몇몇 회사만이 운영체제를 개발하였습니다. 구글은 개발에 막대한 비용이 드는 안드로이드를 개발하고 무료로 나눠 주고 있습니다.

앞서 이야기했듯이, 구글의 안드로이드나 애플의 아이오에스 모두, 무료 유닉스 운영체제를 기반으로 하고 있기 때문에 돈을 받고 팔 수는 없습니다. 그렇다고 해도 열심히 업그레이드해 주는 이유는 돈이 되기 때문입니다.

애플을 제외한 대부분의 스마트폰에는 안드로이드 운영체제가 설치되어 있습니다. 브랜드와 상관없이 안드로이드 운영체제가 설치된 스마트폰에서 앱을 설치하기 위해서는 무조건 구글 플레이 스토어를 이용해야 합니다. 대부분의 사람들은 카카오톡과 같은 무료 앱을 사용하기 때문에 사람들이 구글 플레이 스토어를 사용해도 돈이 될 것 같지 않습니다.

구글 플레이 스토어

게임을 하다가 아이템을 사용하기 위해 돈을 지불하거나 혹은 유료 앱을 구매할 때는 이야기가 달라집니다. 안드로이드 앱에서 이루어지는 모든 금전 거래는 구글이 제공하는 결제 시스템을 이용해야 합니다. 이를 인앱In-App 결제라고 부릅니다. 게임회사나 유료 앱 회사가 자신만의 결제 시스템을 가지고 있어도 사용할 수 없습니다. 무조건 구글의 결제 시스템을 통해서만 결제가 가능하도록 만들어 놓았습니다.

안드로이드 운영체제를 만들어서 공짜로 나눠줬으니 결제를 구글을 통해서만 하는 것이 문제가 되지 않는다고 생각할 수 있습니다. 진짜 큰 문제는 수수료입니다. 보통 카드 수수료는 3~10%입니다. 구글 플레이 스토어의 수수료는 30%입니다. 만약 구글 스토어에서 만 원을 결제하면, 3천 원은 구글이 가져가고 나머지를 개발회사에 줍니다. 카드로 결제했다면 카드 수수료도 개발자가 부담합니다. 이렇게 해서 구글이 한국에서 10년간 벌어들인 수수료만 8조5천억 원입니다. [9] 한국에서만 10년간 8조 5천억 원이면 전 세계적으로 보면 어마어마한 금액을 벌어들인 것입니다. [10]

결제 서버가 외국에 있기 때문에 국내에서 벌어드린 8조 5천억 원에 대한 세금을 한 푼도 내지 않습니다. 이러한 높은 수수료와 세금의 문제는 다른 나라도 마찬가지입니다. 한국은 2022년 3월 15일 개정된 전기통신사업법을 시행합니다. 개정된 전기통신사업법에서는 인앱 결제 이외에도 다양한 결제 방식을 지원하도록 하고 있습니다. 다시 말해, 앱 개발자가 구글의 결제 시스템이 아닌 자신이 구축한 결제 시스템을 사용할 수 있도록 했습니다. 그래서 개정된 전기통신사업법은 전 세계 최초로 마련된 '구글 갑질 방지법'이라고 부릅니다.

구글이 막대한 자금을 들여서 안드로이드를 만드는 이유가 인앱 결제 때문이라는 것을 알았을 겁니다. 스마트폰용 운영체제를 개발한 애플도 애플 앱 스토어를 가지고 있습니다. 따라서 애플 앱에서 돈을 쓰는 경우 수수료를 애플이 가져갑니다. 구글과 마찬가지로 애플 앱 결제 수수료도 30%입니다. 결론적으로 삼성이 스마트폰을 팔면, 구글이 앱 수수료를 챙겨 갑니다. 애플은 스마트폰 판매이익뿐 아니라 앱 수수료까지 모두 가져갑니다. 이것으로 인해 삼성과 애플의 이익률에 차이가 나는 것입니다. [11]

---

9 출처: https://www.hani.co.kr/arti/economy/economy_general/1031154.html

10 구글 앱 스토어의 예에서 볼 수 있듯이 운영체제도 관련 소프트웨어를 유통하는 플랫폼이다. 윈도우 운영체제도 윈도우 오피스를 비롯한 관련 소프트웨어를 유통하는 플랫폼 형식으로 변화하고 있다.

11 삼성도 '바다'라고 불리는 스마트폰용 운영체제를 개발하였으나 현재는 개발이 중단되었다.

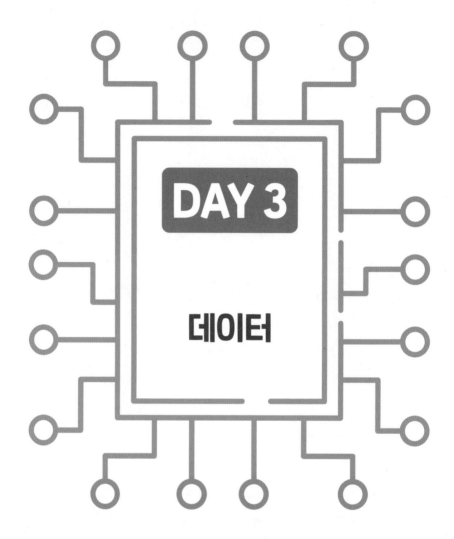

DAY 3

데이터

8장

빅데이터

기저귀 옆에는 맥주가 있어야 잘 팔린다

생산자, 유통자, 판매자들은 물건을 하나라도 더 팔기 위하여 오늘도 머리를 싸매고 있습니다. 백화점에 가보죠. 백화점은 최신 유행의 흐름과 구매 패턴의 변화를 파악하여 물건을 잘 팔 수 있는 점포를 배치합니다. 백화점을 방문하는 남녀 비율을 보면 여성이 월등히 많습니다. 그래서 가방, 화장품, 고급 액세서리와 같은 여성용품은 낮은 층에 있고, 남성들이 많이 찾는 스포츠용품은 높은 층에 있습니다. 단지 그뿐일까요? 백화점 1층에는 화장실이 없습니다. 백화점의 화장실은 2층 구석에 만들어 두고, 정문에서 화장실에 가는 길목에는 고급 화장품과 여성 의류들을 배치합니다. 화장실에서 볼일을 보고 나오는 사람들이 그냥 정문을 빠져나가지 못하도록 말이죠.

백화점의 맨 위층에는 언제나 식당이 자리합니다. 쇼핑을 마치고 간단히 커피를 마시거나 식사를 할 수 있도록 하기 위해서입니다. 그런데 백화점에는 규모에 비하여 승강기는 턱없이 부족할 뿐 아니라 구석에 있습니다. 백화점을 방문한 손님이 승강기를 타고 바로 식당으로 올라가 버리면 상품을 노출할 기회가 없어지기 때문이죠. 백화점 정문을 열고 들어서면 잘 보이는 곳에는 에스컬레이터가 있습니다. 백화점은 당신이 승강기를 타기 위해 긴 줄을 서기보다는 에스컬레이터를 타고 상품을 보면서 이동하기를 원합니다.

대형마트도 마찬가지입니다. 상품을 어떻게 배치하는가에 따라 매출은 달라집니다. 계산대 근처에는 간단한 음료나 간식들이 배치되어 있습니다. 계산하면서 기다리다가 충동적으로 살 수 있는 물건들을 배치한 겁니다. 계산하는 동안 아이들이 음료수 사달라고 조르면 간단하게 집을 수 있는 물건들도 있습니다.

미국의 월마트Walmart는 자신들이 판매한 영수증을 분석하였습니다. 어떤 물건들을 같이 구매했는지를 파악하고 연관관계를 분석하기 위해서입니다. 분유를 구매한 사람이 아기 기저귀를 같이 구매했다는 사실은 누구나 예측할 수 있는 일입니다. 그런데 기저귀를 구매한 사람들이 맥주도 같이 구매했다는 것을 알게 되었습니다. 그래서 기저귀 가까운 곳에 맥주를 배치하니 맥주의 판매량이 증가하였습니다.[1]

---

1 기저귀와 맥주와 연관관계가 높은 것은 사실이지만 월마트가 실제로 기저귀와 맥주를 같이 배열하였는지는 확인된 바 없다. 데이터 마이닝을 설명할 때 가장 많이 인용하는 예를 설명한 것이다.

여성과 남성이 대형마트에 들러서 물건을 구매하는 패턴은 차이가 있습니다. 여성의 경우 모든 곳을 돌아다니며 새로 나온 물건이 없는지, 세일하는 물건은 없는지 살펴봅니다. 여성분들은 대부분 물건을 다 확인한 후 마트를 빠져나옵니다. 남성의 경우 자신이 관심 있거나 필요한 물건이 있는 곳만 방문하고 마트를 나옵니다. 부인이 퇴근하는 남편에게 기저귀가 떨어졌다고 사다 달라고 합니다. 이 남성은 기저귀가 있는 곳으로 바로 가서 기저귀를 사서 나오려고 합니다. 그런데 옆에 보니 맥주가 있네요. 그래서 맥주도 들고 나옵니다. 미국의 경우이지만 실제로 이런 구매 패턴이 많다고 합니다. 물론 우리나라의 경우에는 다를 수 있습니다.

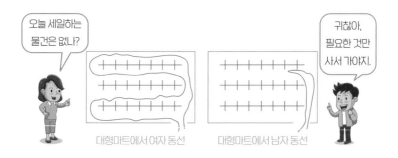

백화점이 매장을 배치하는 순서도, 대형마트가 물건을 진열하는 순서도 오랜 기간 축적된 데이터를 분석하여 얻어진 결과입니다. 많은 양의 데이터에서 의미 있는 정보를 추출하는 기술을 빅데이터Big Data라고 부릅니다. 의미 있는 결과를 얻기 위해서는 충분히 많은 양의 데이터가 있어야 하고, 데이터로부터 유용한 정보를 추출하기 위

한 분석 기법이 필요합니다. [2] 현대 사회에서는 컴퓨터뿐 아니라 스마트폰, 자동차, 가전제품, 센서들이 인터넷에 연결되고 이로부터 많은 양의 데이터가 계속 만들어집니다. 이렇게 방대한 데이터로부터 유용한 사실을 알아내고 활용하는 기술이 빅데이터입니다.

많은 양의 데이터를 관리하기 위해서 **데이터베이스**database를 사용합니다. 영어 약자로 DB라고 부릅니다. 여러분이 사용하는 이메일도, 상품을 관리하고 구매 내역을 보관하는 것도 데이터베이스에 저장됩니다. 여러분의 스마트폰의 전화번호부도 작은 데이터베이스입니다. 데이터베이스는 데이터를 체계적으로 저장해두었다가 필요한 데이터를 빠르고 쉽게 사용할 수 있게 해 줍니다. 전화번호를 이름이나 직장명 혹은 번호 뒷자리로 찾을 수 있는 이유가 데이터베이스를 사용하기 때문입니다. 데이터베이스에 질문을 하여 결과를 얻어낼 때 사용하는 언어를 SQL Structured Query Language이라 부릅니다. 앞서보았던 티오베 tiobe 사이트가 발표한 2023년 3월 가장 많이 사용하는 프로그래밍 언어 자료에 따르면 SQL이 8위에 있습니다. 데이터베이스를 배운다는 것은 SQL을 배운다는 것이고, 데이터베이스를 사용하는 곳이 매우 많다는 의미입니다.

그러면 빅데이터에 빅big은 무엇을 의미할까요? 빅데이터는 기존의 데이터베이스가 처리할 수 있는 용량을 넘어서는 대용량의 데이

---

2 데이터를 분석하여 의미 있는 정보를 추출하는 데이터 분석 기술을 데이터 마이닝(data mining)이라 부른다. 마이닝이란 금이나 석유와 같은 광물을 채굴한다는 의미를 가진 단어이다. 또한 관련 데이터를 체계적으로 모아놓은 것을 데이터 웨어하우스(Data Warehouse)라 부르며 약자로 DW라고 쓴다.

터로부터 가치 있는 정보를 추출하는 기술을 의미합니다. 과거에도 데이터를 데이터베이스에 저장하고 이로부터 가치 있는 여러 정보를 획득하는 작업을 하였습니다. 그렇다면 지금의 빅데이터는 어떤 점이 다를까요?

흔히 빅데이터를 3V라고 이야기합니다. 여기서 3V란 데이터의 양Volume, 데이터 생성 속도Velocity, 형태의 다양성Variety을 의미합니다. 데이터의 양은 과거의 데이터베이스에서 처리할 수 있는 데이터의 양을 넘어서는 엄청난 양을 의미합니다.

과거의 데이터 처리 방식은 이미 만들어진 데이터로부터 의미 있는 정보를 추출하였습니다. 영수증에서 상품의 연관성을 추출하고, 통화 내역에서 심야 시간의 사람들의 분포를 알아내는 방식이었습니다. 현재는 실시간으로 많은 양의 데이터를 처리할 수 있는데, 이를 빅데이터의 속도라고 부릅니다.

과거에 데이터베이스에는 이메일, 문서, 상품 정보와 같이 형태가 갖추어진 데이터(정형화된 데이터)만을 저장하였습니다. 현재는 사진, 오디오, 비디오, 사용자의 움직임, 사람들이 물건을 구매하는 행위와 같이 정형화되지 않은 데이터(비정형 데이터)도 같이 다룹니다. 구글을 사용하여 무엇인가 검색한다는 것은 정형화된 데이터(문서)에서 필요한 정보를 얻는 것입니다. 그러나 이미지 검색의 경우는 비정형 데이터(사진)로부터 정보를 얻는 것입니다. 빅데이터에서는 정형화된 데이터뿐 아니라 비정형화된 데이터도 처리합니다. 이를 빅데이터의 다양성이라고 부릅니다. [3]

---

3 빅데이터를 적은 비용으로 빠르게 분석할 수 있는 플랫폼이 하둡(Hadoop)이다. 하둡은 빅데이터 분석과 처리의 표준으로 자리 잡고 있다.

빅데이터가 내 마음을 읽고 있다

대형 온라인 몰에서 새로 핸드폰을 구매했다면 핸드폰 커버, 보호필름과 같은 관련 제품들이 추천 상품으로 보입니다. 유튜브 프리미엄에서는 내가 들었던 음악과 비슷한 분위기의 음악을 계속 추천해 줍니다. 내가 보았던 영화, 내가 구매했던 물건, 내가 들었던 음악을 분석하여 연관 있는 것들을 눈에 띄는 곳에 배치합니다.

넷플릭스Netflix에서 〈어바웃 타임〉 영화를 보고 나면 그 이후로 멜로 영화가 계속 추천됩니다. 〈부산행〉을 보았다면 〈창궐〉과 같은 좀비물이 추천 영화로 올라옵니다.[4] 사용자의 성향을 분석해서 콘텐츠만 추천해 주는 것은 아닙니다. 새로운 드라마를 제작할 때 사람들이 선호하는 감독과 배우를 파악해 드라마를 만듭니다. 이렇게 해서 만든 드라마가 넷플릭스 최고의 드라마라 불리는 〈하우스 오브 카드〉입니다. 빅데이터 분석은 드라마 제작뿐 아니라 영화 제작에도 사용됩니다.

넷플릭스 드라마 〈하우스 오브 카드〉

---

4 고객의 성향을 분석하여 유사한 영화, 제품, 정보를 제공하는 시스템을 추천 시스템 (recommender system) 혹은 제안 엔진(suggestion engine)이라 부른다.

이러한 추천은 인공지능 알고리즘을 통해 이루어지며 이 알고리즘은 연관성이 있는 영화, 제품, 음악 등을 추천하는 데 사용됩니다. 인공지능 알고리즘이 제대로 작동하려면 많은 양의 데이터로부터 학습해야 합니다. 그래서 인공지능 알고리즘이 활성화되면서 빅데이터 분야도 같이 뜨고 있습니다. [5]

여행과 관광에도 빅데이터가 활용됩니다. 전 세계적인 숙박 공유 사이트인 에어비앤비 Airbnb는 자신들의 빅데이터를 활용하여 숙박시설을 추천할 뿐만 아니라 시즌별 예상 관광객 수를 예상하여 숙박비를 책정하는 기초 데이터로 활용하고 있습니다. 또한 여행업체도 빅데이터를 활용하여 여행 상품을 개발하고 가격을 책정하는 데 사용하고 있습니다.

아마존의 경우 사람들이 구매한 물품의 빅데이터로부터 상품 자동 추천 시스템을 만들었습니다. 여러 개를 구매한 물품 중 같이 구매한 빈도가 높은 물건을 찾아서 추천해 주는 시스템입니다. 음반을 생각해 보죠. 빅데이터에서 분석을 통하여 '세븐틴' 음반을 산 사람은 '블랙핑크' 음반을 많이 샀다는 것을 알아냈습니다. 그러면 과거 세븐틴 음반을 구매했거나 세븐틴 음반을 장바구니에 담은 사람에게 블랙핑크 음반을 추천해줍니다.

---

5 넷플릭스 추천 시스템은 인공지능 분야의 예시로도 많이 사용된다. 빅데이터를 바탕으로 인공지능 알고리즘이 작동하기 때문에 인공지능 분야와 빅데이터 분야는 서로 깊은 연관관계를 가진다.

아마존 물류 시스템

아마존에서는 고객의 빅데이터 분석을 물류 시스템에도 활용됩니다. 미국의 경우 땅덩어리가 크기 때문에 물류에 많은 시간과 비용이 듭니다. 새로운 물건이 아마존에 등록되면 해당 물품과 유사한 물품을 구매한 사람이 가장 많은 지역을 찾습니다. 물품을 구매자가 많은 지역의 창고에 저장함으로써 물류 시간과 비용을 절약합니다.

금융 빅데이터 홈페이지[6]

---

6 https://www.bigdata-finance.kr

세상에는 많은 종류의 빅데이터가 있고 그 데이터로부터 다양한 결과들이 만들어집니다. 대표적으로 금융 빅데이터 사이트를 방문해 보죠. 이 사이트에 가면 반려동물을 키우는 사람들의 소비 패턴, 요즘 편의점에서 가장 많이 팔리는 제품, 서울에 있는 아파트별로 배달되는 음식의 통계, 지역별 및 연령별 소득 금액을 보실 수 있습니다. 이 외에도 다양한 종류의 빅데이터 및 분석 결과가 있습니다. 식당을 창업할 계획이거나, 반려동물 관련 제품을 판매하려거나 편의점을 운영할 계획이 있다면 한번 방문해 보기 바랍니다. 옛날처럼 자신의 감과 지인의 권유에 의존하여 창업하거나 식당을 여는 시대는 지났습니다. 이제는 자신에게 필요한 빅데이터를 찾아 활용해야 하는 시대에 살고 있습니다.

어제 네가 한 일을 스마트폰은 알고 있다

서울시는 새벽 1시부터 5시까지 운행하는 심야버스 서비스를 제공하기로 했습니다. 심야에 모든 버스를 다 운행할 수는 없습니다. 가장 수요가 많은 버스 노선을 결정해야 합니다. 어느 곳에서 심야버스를 운행해야 하는지를 어떻게 결정할까요? 공무원들이 심야에 서울시 모든 곳을 돌아다녀 보면 될까요? 빅데이터에서 그 해답을 찾았습니다. 통신사로부터 얻은 30억 건의 통화 데이터를 분석하여 새벽 시간에 핸드폰의 이동이 가장 많은 지역을 찾았습니다. 그 결과로 노선이 결정된 것이 현재의 서울시 심야버스입니다.[7]

---

7   서울시 심야버스와 관련된 자료는 서울시 사이트(https://seoulsolution.kr)의 정책 중 '빅데이터를 이용한 교통계획: 심야버스와 사고 줄이기'에서 볼 수 있다.

내비게이션이 없던 시절엔
도로지도 책이 차마다 한 권씩 있었지.

도로지도 책

내비게이션이 보급되기 전에는 목적지까지 가는 길을 어떻게 알았을까요? 과거에는 종이로 된 도로지도 책을 사용하였습니다. 목적지에 가기 전에 어떤 도로를 타고 가야 하는지가 책에 자세히 나와 있었죠. 그래서 도로지도 책 한 권씩은 꼭 자동차에 비치되어 있었습니다. 매년 새로운 도로가 생기기 때문에 해마다 최신 도로지도 책을 사서 자동차에 비치하였습니다.

요즘은 내비게이션 없이 새로운 곳을 찾아가기 두렵습니다. 내비게이션은 목적지까지 갈 수 있는 다양한 길뿐 아니라 걸리는 시간까지 알려줍니다. 이러한 기술은 수년 전에 개발되었고 현재 많은 사람이 사용 중입니다. 내비게이션은 각 도로의 교통 상황이 시간대별로 어떻게 변하는지도 알고 있습니다. 과거 수년간의 빅데이터로부터 각 도로의 요일과 시간에 따라 교통량이 어떻게 달라지는지를 우리에게 알려줍니다. 다음 그림과 같이 요즘 내비게이션은 특정 시간에 출발할 때 목적지에 도달할 수 있는 시간을 예측해 줍니다.[8]

---

8 지도에서 경로를 찾는 알고리즘은 1956년 다익스트라(Dijkstra)가 제안한 최단거리 알고리즘(shortest path algorithm)을 기본으로 한다.

오늘 오전 9:10에 출발하면

1시간 25분 걸려요

시간변경

지금 출발	⬤
	+7분
1시간 후	+2분
	+1분
2시간 후	−2분

SKT의 T-Map 시간 예측 화면

내비게이션에서 길을 찾아보면, 최적 경로, 최소 시간, 무료 도로와 같이 다양한 결과들을 보여 줍니다. 내비게이션은 어떻게 모든 도로의 교통량을 알고 있을까요? 모든 도로에 사람을 배치한 것도 아니고, CCTV가 달린 것도 아닌데 말이죠. 여러분의 상상과 달리 내비게이션은 도로에 자동차가 얼마나 많은지, 어떤 속도로 이동하고 있는지 모릅니다.

내비게이션이 알고 있는 것은 해당 도로에 있는 스마트폰의 개수와 스마트폰의 이동속도입니다. 스마트폰을 가지고 운전을 하는 사람들도 있지만, 그냥 길거리를 걸어 다니는 사람들도 있을 겁니다. 이를 구분하기 위하여 내비게이션을 켜고 이동하는 스마트폰만을 내비게이션이 인식합니다. 내비게이션을 켜고 길을 걷는 사람들은 드물기 때문입니다.

강남역이 차가 막히는지는 근처에서 내비게이션을 켜고 이동하는 스마트폰의 이동속도로 계산합니다. 따라서 내가 내비게이션을 사용하고 있다는 것은 동시에 나의 움직이는 속도를 다른 사람에게 제공하고 있다는 의미입니다. 이렇게 모든 도로의 스마트폰 이동속도를 계산하여 도로 상태를 파악한 후 목적지까지 안 막히는 도로를 찾아주는 것이 현재의 내비게이션입니다.

지금까지 설명할 이야기를 뒷받침할만한 실험이 있었습니다. 독일 예술가 사이먼 웨커트Simon Weckert는 구글 지도를 속이기로 결정합니다. 스마트폰 100개를 구한 후 모두 구글 지도를 실행하고 수레에 실어 한적한 도로를 천천히 걸어갑니다.

사이먼 웨커트의 구글 지도 속이기 [9]

구글 지도는 100대의 스마트폰이 천천히 움직이는 것을 차량 정체로 파악하고 지도상에 빨간색 정체 구간을 표시합니다. 여러분도 수십 명의 사람을 모아서 내비게이션을 켜고 천천히 걸어가면 그 도로를 정체 도로로 만들 수 있습니다.

---

9 더 많은 실험 결과 및 동영상은 사이먼 웨커트의 구글 지도 핵 사이트(http://www.simonweckert.com/googlemapshacks.html)를 방문하면 확인할 수 있다.

범죄자의 행동이 담긴 CCTV는 어떻게 확보할까요? 범죄자가 언제 어디를 돌아다녔는지를 알아야 근처 CCTV를 확인해볼 수 있을 겁니다. 범죄자의 이동 동선은 그 사람의 스마트폰이 거쳐간 기지국 정보로 확인할 수 있습니다. 기지국은 자신의 영역 안의 모든 휴대폰의 정보를 보관하고 있습니다. 언제 누구와 통화했는지, 또는 어디로 이동했는지를 다 알고 있습니다. 그래서 범죄자들은 대포폰을 사용합니다.

빅데이터의 발전으로 소비가 촉진되고 생활이 편리해질 겁니다. 그러나 지금도 누군가는 당신이 구매한 물건들을 살펴보고, 내가 본 영화나 음악 취향을 알아내고, 내 생활 패턴을 분석하고 있습니다. 스마트폰을 들고 다니는 순간 여러분이 움직인 곳은 모두 기록되고 있습니다. 자기 자신도 모르는 사이에 누군가 내가 어제 한 일을 알고 있는 세상에 살고 있습니다.

자꾸 이상한 광고가 올라와요

핸드폰이 활성화되기 전의 대표적인 통신 수단은 유선 전화기였습니다. 집마다 유선 전화기가 한 대씩은 있었고 길거리에도 공중전화기를 쉽게 찾을 수 있었습니다. 이제는 모든 사람이 스마트폰을 소유하고 있으므로 유선 전화기가 없는 집들이 늘어나고 있습니다. 유선 전화기 시설의 공중전화기 부스에는 '선화번호부'라는 책이 비치되어 있었습니다. 사람들도 전화번호를 적어놓은 수첩을 하나씩은 가지고 있었습니다. 스마트폰에 모든 전화번호가 저장되는 지금의 시점에서는 더 이상 전화번호부나 전화번호 수첩은 찾아보기 힘듭니다.

인터넷이 대중들에게 보급되어 활성화되던 초기로 돌아가 보죠. 기업에서 개인들까지 홈페이지를 만드는 것이 붐처럼 번지기 시작하였습니다. 내가 찾고 싶은 회사나 단체의 웹페이지 주소를 알기 위해서는 인터넷 주소 책을 사용하였습니다. 미국 전화번호부 종이 색이 노란색이기 때문에 전화번호부를 옐로 북Yellow Book이라고 불렀고, 전화번호부처럼 종류별로 웹 페이지를 모아 놓은 책을 '웹 옐로 북'이라 불렀습니다. 웹 옐로 북은 일종의 인터넷상의 전화번호부였습니다. 아시다시피 웹 옐로 북은 새로운 웹페이지를 반영하는 데 한계가 있었습니다.

웹 옐로 북

인터넷의 주소를 한 군데 모아 검색을 할 수 있는 사이트가 만들어졌는데 세계 최초의 검색 사이트가 야후Yahoo입니다. 야후는 모든 주소 정보를 사람이 직접 분류하였습니다. 따라서 늘어나는 웹 페이지에 비하여 업데이트되는 주소의 양은 미비하였습니다.

야후 이후 다양한 검색 사이트들이 생겨났습니다. 그중에 대표적인 검색 사이트가 구글입니다. 야후가 수동으로 웹 주소를 업데이트하던 반면에 구글은 검색엔진을 사용하였습니다. 구글 검색엔진에는 세 종류의 컴퓨터가 사용됩니다. 첫 번째 컴퓨터는 인터넷을 돌아다니면서 모든 웹 페이지를 가지고 오는 역할을 합니다. [10] 두 번째 컴퓨터는 가져온 웹 페이지를 검색하기 좋은 순서대로 정리하는 역할을 합니다. 마지막 컴퓨터는 사용자가 검색하면 자신의 데이터베이스로부터 검색 결과를 알려주는 역할을 합니다. 구글을 24시간 쉬지 않고 전 세계 거의 모든 웹페이지를 가져와서 분류하였기 때문에 검색 결과가 매우 우수하였습니다. 그래서 현재 세계 최고의 검색엔진이 되었으며, '검색=구글링'이라고 표현될 정도로 막강한 힘을 과시하고 있습니다. 인터넷의 거의 모든 사이트에 대해 검색이 가능하다는 것은 어마어마한 양의 데이터를 다루고 있다는 뜻입니다. 다시 말해 구글은 인터넷과 관련하여 빅데이터 분야의 최고 강자입니다.

한국의 검색엔진인 다음이나 네이버도 많은 사용자를 처리하기 위해 대용량의 시스템을 구축하고 있습니다. 다음이나 네이버는 시스템을 유지하기 위해 통신 비용과 유지 인력 비용으로 한 달에 수억 원을 사용하고, 서비스에 들어가는 비용은 광고 수익으로 충당합니다. 네이버를 방문해 보면 위아래, 양 옆으로 많은 광고가 있는 것을 보

---

10 검색에서 모든 웹을 찾아다니며 데이터를 가져오는 프로그램을 웹 크롤러(web crawler)라 부른다. 또는 웹 페이지를 가져오는 로봇이라는 의미로 웹봇(webbot)이라 부른다.

았을 겁니다. 가장 노출이 많이 되는 네이버 상단의 배너 광고는 1시간에 최고 3천만 원 정도 합니다.

Google

Q   Google 검색 또는 URL 입력   🎤

구글 홈페이지

구글 사이트를 방문해 보면 이상하리만큼 깨끗합니다. 눈에 띄는 광고가 없습니다. 구글도 네이버와 같이 광고를 통해 수익을 창출합니다만 구글이 광고로 돈을 버는 방식은 조금 독특합니다. 우선 특정 단어를 검색하면 웹 페이지 위에 광고라는 조그만 글씨가 나옵니다. 다른 검색 결과를 제치고 가장 먼저 광고를 노출시킴으로써 돈을 받는 방식입니다. 네이버나 다음의 광고가 불특정 다수에게 노출되는 광고인 반면 구글 광고는 사용자의 검색 패턴을 인식하여 광고를 송출합니다. 더 정확하게는 인공지능 알고리즘을 사용하여 사용자가 관심 있어 할 만한 제품을 광고합니다. 예를 들어 구글에서 '어묵'을 검색하는 경우, 검색 화면 결과나 오른쪽 광고란에 어묵 광고가 노출됩니다. 무작정 광고를 노출하는 것이 아니라 검색어와 관련된 광고만 보여줍니다. 이 정도쯤은 누구나 생각할 수 있는 것입니다만 여기서 끝이 아닙니다.

구글 광고

제가 자주 방문하는 사이트에 다음과 같은 글이 올라왔습니다.

"미성년자도 방문하는 사이트인데 속옷 광고와 같은 너무 야한 광고가 올라오니 조치 바랍니다."

그 글에 대한 대답은 이렇습니다.

"속옷과 같은 야한 사이트에 자주 방문하니까 그런 광고를 보시는 겁니다."

이것은 사실이며 구글 인공지능의 힘입니다.

일반 웹사이트 광고

구글은 국내외 일반 사이트의 광고 칸을 사들였습니다. 위의 그림은 제가 자주 방문하는 사이트인데, 광고를 보시면 구글 광고라고 쓰여 있습니다. 이렇게 여러 곳에 흩어져 있는 광고판에 사용자의 성향을 파악하여 개인에게 맞는 광고를 내보냅니다. 예를 들어 구글 검색 엔진에서 검색한 단어나 자주 방문했던 사이트를 분석하여 거기에 맞는 광고를 내보냅니다. 여자 속옷을 검색했다면 여자 속옷 광고를 내보내고, 자동차를 검색했다면 자동차 광고를 내보냅니다. 따라서 해당 사이트를 방문하는 모든 사람이 서로 다른 광고를 보게 됩니다. 사진 사이트 방문 전에 속옷으로 검색했다거나 속옷 사이트를 방문했던 적이 있다면 속옷 광고가 나가게 됩니다.

구글과 같이 사용자의 패턴을 인식하여 취향에 맞는 광고를 제공하는 방식을 **타깃 광고**target advertising라고 부릅니다. 타깃 광고는 일반 광고보다 효과가 훨씬 높기 때문에 기업들이 앞다투어 구글에 광고를 의뢰합니다. 구글은 인터넷이 발달하던 초기부터 빅데이터를 다루던 기업이며 데이터를 어떻게 사용해야 하는지 누구보다 잘 아는 회사입니다. 그래서 알파고와 같은 혁신적인 알고리즘을 개발할 수 있었습니다. 구글은 인공지능과 빅데이터 분야에서 세계 1위 기업입니다.

타깃 광고의 효과가 높은 것으로 나타나면서 다른 대형 사이트에서도 타깃 광고를 도입하고 있습니다. 대표적인 경우가 페이스북입니다. 페이스북은 사용자가 방문하는 페이지를 분석하여 사용자 성향에 맞는 광고를 노출시킵니다. 타깃 광고의 효과는 확실하지만 부작용도 있습니다. 개인의 프라이버시를 침해한다는 것입니다. 실제로 페이스북의 광고 분석 시스템에 의해 동성애자로 분류된 개인의 페이스북 페이지에 동성애자 관련 광고만을 노출시켜 사회적인 문제가 된 적이 있습니다.

매일 수천만 명이 방문하는 사이트에서 어떤 단어로 검색했는지, 혹은 어떤 사이트를 방문했는지를 구글은 어떻게 알까요? 그 비밀은 바로 쿠키cookie에 있습니다. 사이트를 방문했다는 정보나 혹은 검색한 내용과 같이 작은 크기의 데이터를 쿠키라고 부릅니다. 마치 과자 부스러기처럼 작은 데이터라는 의미입니다.

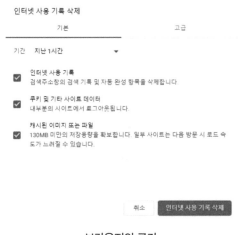

브라우저의 쿠키

쿠키는 웹 사이트를 방문하면 사용자의 컴퓨터에 저장되는 작은 기록 파일입니다. 구글에서 검색에 사용한 단어는 쿠키로 저장됩니다. 타깃 광고는 컴퓨터에 저장된 쿠키를 분석하여 개인의 취향에 맞는 광고를 내보냅니다. 따라서 원하지 않는 광고를 더 이상 보고 싶지 않다면 쿠키를 지우면 됩니다. 크롬의 경우 [설정] 〉 [고급] 〉 [콘텐츠 설정] > [쿠키 삭제] 메뉴에 들어가면 쿠키를 제거할 수 있습니다. 또한 [설정] > [고급] > [콘텐츠 설정] > [쿠키] > [사이트]에서 '쿠키 데이터 저장 및 읽기 허용'에서 쿠키를 저장하지 않도록 막을 수도 있습니다.

콩 심은데 콩 나고 팥 심은데 팥 난다

챗봇이란 사람과 대화하는 인공지능 로봇을 의미합니다. 2020년 12월 3일 출시된 챗봇 chatbot '이루다'는 3주 만에 80만 명의 이용자를 끌어모았습니다. 이루다는 친근한 언어로 채팅이 가능했기 때문에 인기를 끌었지만 2021년 1월에 갑자기 서비스를 중단하게 됩니다.

이루다[11]

서비스 중단 이유는 위 사진과 같은 장애인 혐오 발언 때문입니다. 장애인 태우느라 출발이 늦어지면 밀어버리겠다는 이야기를 아무렇지 않게 합니다. 그 외에도 성소수자 혐오 발언과 개인정보 유출과 같은 사건이 연달아 터졌습니다. 이런 일이 왜 발생했을까요? 이루다

---

11 출처: http://www.knnews.co.kr/news/articleView.php?idxno=1342335

가 학습한 데이터에 장애인 혐오 발언, 성소수자 혐오 발언, 개인정보가 들어 있었기 때문입니다. 한마디로 콩 심은 데 콩 나고 팥 심은 데 팥 난 거죠.

사실 대용량의 빅데이터에서 특정한 발언을 골라내는 것은 쉽지 않습니다. 그래서 많은 회사가 학습 데이터를 만드는 단계에서부터 양질의 데이터를 얻기 위해 노력하고 있습니다. 양질의 언어 데이터를 처리하는 한국 기업 중 플리토[12]라는 회사가 있습니다. '나는 가게에 갔다 왔어요.'를 구글 검색기와 플리토 검색기로 번역시키면 'I came to the store.'와 'I went to the store.'로 번역됩니다. 둘 다 무리 없는 결과입니다. 그런데 '우리 아들은 군대에 갔다 왔어요.'를 구글 번역기에서 돌리면 'My son came to the army.'로 번역되고 플리토에서는 'My son had served military service.'로 번역됩니다.

'우리 아들은 군대에 갔다 왔어요.'의 의미는 군대를 제대했다는 뜻입니다. 따라서 플리토의 번역은 맞지만, 구글 번역은 원래의 의미와 다릅니다. 만약 번역 엔진에 '나는 군대에 갔다 왔어요.'와 'I came to the army.'를 번역 데이터로 학습시킬 경우, 번역기는 제대로 된 번역을 할 수 없습니다. 그래서 인공지능 학습에는 양질의 빅데이터가 필요합니다.

---

12 플리토는 번역 데이터를 집단지성 방식으로 해결했다. 플리토의 집단지성 방식은 사용자가 언어 공부를 하기 위해 문장을 번역하면 다른 사용자가 3차에 걸쳐 문장을 고쳐주고 사이버 머니를 획득하는 방식이다.

나는 가게에 갔다 왔어요.	I came to the store.	구글 검색기
	I went to the store.	플리토 검색기
우리 아들은 군대에 갔다 왔어요.	My son came to the army.	구글 검색기
	My son had served military service.	플리토 검색기

구글과 플리토의 번역 결과

인공지능이 많은 곳에서 활약함에 따라 많은 일자리를 빼앗고, 더 나아가 기계가 인간을 뛰어넘어 인간을 지배하는 세상이 올지 모른다고들 합니다.[13] 그러나 인공지능이나 기계가 인간을 뛰어넘는 지성을 가지는 세상은 쉽게 오지 않을 것입니다. 그 이유는 명백합니다. 인공지능이나 컴퓨터는 특정 분야의 일을 빨리 처리할 수 있는 것은 분명하지만 그것만으로 인간의 지적 능력을 뛰어넘었다고는 볼 수 없습니다.

고도의 전문성을 요구하는 의료 인공지능 분야를 보죠. 의료 인공지능 분야의 최고봉은 IBM의 왓슨 AI입니다. 국내에서도 몇몇 병원들이 왓슨 AI를 도입하였습니다. 그러나 IBM은 2022년에 왓슨 AI의 헬스케어 사업을 매각하였습니다.[14] 인공지능이 MRI나 엑스레이 사진을 보고 병이 있다고 예측한 부분에 대하여 의사들이 60% 정도만 동의했다고 합니다. 설사 인공지능이 90% 이상의 의사들의 동의를 얻었다고 할지라도 인공지능의 말만 믿고 수술을 강행할 수 있을까요?

---

13 인간의 지적 능력을 뛰어넘는 인공지능을 초인공지능이라 부른다.

14 출처: https://www.hankyung.com/it/article/202201237252i

판사들의 주요 업무 중 하나는 과거의 판례를 검색하여 유사한 판례를 살펴보는 것입니다. 이러한 분야에 인공지능이 도입되었습니다. 이는 인공지능이 판사들의 업무를 보조한다는 의미이지 직접 판결한다는 뜻은 아닙니다. 설사 인공지능이 판사처럼 판결할 능력이 된다고 할지라도 인공지능의 판결로 감옥에 수감되는 것을 받아들일 수 있을까요?

인공지능 번역기를 사용한 결과를 보면 아직도 어색하고 부자연스럽습니다. 또한 이루다 챗봇의 예에서처럼 편협한 사고를 할 수도 있습니다. 그런 인공지능이 인간의 언어를 제대로 이해하는 수준을 넘어 판결하고 의료적인 판단을 내리는 시점까지 오려면 한참의 시간이 남았습니다. 그 사이 인공지능은 인간의 삶과 공존을 할 것입니다. 알파고가 최강의 바둑기사 이세돌을 이겼다고 해서 바둑대회가 사라진 것은 아닌 것처럼요.

9장

확장현실(XR)과 멀티미디어

확장현실에서 환생

각종 오디션 프로그램을 통해 유명인이 탄생합니다. 〈미스트롯〉 출신 송가인과 〈미스터트롯〉 출신 임영웅은 트롯의 재유행을 이끌었습니다. 다수의 아이돌을 배출한 〈프로듀스101〉이 있었고, 힙합 뮤지션의 등용문인 〈쇼미더머니〉는 지금도 계속되고 있습니다. 노래뿐아니라 〈스트리트 우먼 파이터〉나 〈스트리트 맨 파이터〉는 댄스 스타를 탄생시켰습니다.

과거 오디션 프로그램 중 슈퍼스타K가 있었는데, 시즌 3의 우승자는 울랄라세션입니다.[1] 안타깝게도 울랄라 세션의 리더 임윤택은 암투병을 하다가 세상을 떠났고, 이에 많은 사람이 그의 죽음을 안타깝게 생각했습니다. 얼마 전 TVING의 Alive라는 프로그램에서는 임윤택을 환생시켜 다른 멤버들과 같이 노래하는 모습을 보여주었습니다. 사진은 울랄라세션, 이승철, 임윤택이 〈서쪽하늘〉을 부르는 장면입니다.

---

1   울랄라세션은 2011년 8월에 시작한 슈퍼스타K 시즌 3의 우승자이다. 당시 다른 참가자들과
    비교하여 월등한 노래와 퍼포먼스로 우승하였다.

TVING의 Alive 임윤택 편 화면 캡처

확장현실XR; eXtended Reality이라는 기술이 임윤택을 환생시켜 주었습니다. 과거 임윤택이 노래 부르는 장면과 인터뷰 장면을 인공지능 알고리즘에 학습시켜서 목소리, 표정, 몸짓을 재현했습니다. 이렇게 만들어진 임윤택의 데이터에 홀로그램 기술을 사용하여 화면에 나타나게 한 것입니다.

확장현실은 이름에서 알 수 있듯이, 현실의 세계를 가상의 세계로 확장하여 부가가치를 만든다는 의미입니다. 확장현실은 가상현실과 증강현실을 통합하는 개념입니다.

그렇다면 가상현실은 무엇일까요? 가상현실VR; Virtual Reality은 컴퓨터 등을 사용한 기술로 만들어 낸, 실제와 유사하지만 실제가 아닌 환경이나 상황을 의미합니다. 가상현실은 1960년대에 개발되어 주로 비행사나 우주선 조종사를 훈련하는 데 사용했습니다. 비행사나 우주선 조종사는 고도의 훈련이 필요하지만, 실제 비행기나 우주선을 이용하여 훈련하기는 비싸고 어렵습니다. 따라서 비행기나 우주선을 묘사한 시뮬레이터로 가상의 세계를 만들어 훈련시킵니다.

비행 시뮬레이터

대표적인 기술로는 가상현실용 헤드셋[2]이 있습니다. 가상현실용 헤드셋은 위치와 방향을 인식하여 사용자가 움직이면 화면도 따라서 움직여 마치 화면 속에 들어가 있는 듯한 착각을 일으킵니다. 이러한 가상현실 시스템을 이용한 가상현실 오락실도 성업 중입니다.

가상현실

가상현실 기술은 점점 진화하여 다양한 곳에 사용되고 있습니다. 영화의 예를 보죠. 과거에는 사람의 움직임과 같은 3차원 영상을 만들 때는 관련 소프트웨어를 사용하여 일일이 그렸습니다. 이제는 사

---

2   헤드셋의 정확한 이름은 헤드 마운티드 디스플레이(Head Mounted Display, HDM)이다.

람의 몸에 센서를 붙이고 움직임을 입력하여 자연스러운 움직임이 구현된 3차원 영상을 만듭니다.

움직임을 구현한 3차원 영상 제작

이러한 기술이 점점 진화하여 사람의 표정까지도 자동으로 읽을 수 있는 기술을 개발했습니다. 영화 〈알리타〉는 배우의 표정을 그대로 읽어 가상의 인물 알리타의 표정을 만들었습니다. 〈알리타〉는 사람의 움직임뿐 아니라 얼굴 근육의 움직임까지도 읽을 수 있는 카메라를 제작하여 연기자 표정까지 영화에 담을 수 있었습니다.

실제 사람을 통한 알리타의 표정 제작 과정

증강현실AR: Augmented Reality은 실제로 존재하는 환경에 가상의 사물이나 정보를 합성하는 컴퓨터 그래픽 기술입니다.[3] 증강현실의 대표적인 예로 닌텐도Nintendo의 포켓몬이 있습니다. 이 게임은 특정 위치를 스마트폰으로 비추어 포켓몬 볼을 획득하게 됩니다. 자동차에 적용된 기술 중 헤드업 디스플레이 HUD: Head Up Display도 증강현실 관련 기술 중 하나입니다. 자동차 유리창에 현재 속도, RPM, 차간 거리 등 주행 정보를 보여 주는 장치가 헤드업 디스플레이입니다. 원래는 조종사 헬멧에 비행 정보를 보여 주는 장치였는데, 이 기술을 자동차에도 적용한 것입니다.

증강현실 게임 포켓몬(왼쪽)과 자동차 헤드업 디스플레이(오른쪽)

다음 그림은 삼성이 영국에서 BTS 팬을 위한 행사를 개최한 사진입니다. 삼성의 휴대폰으로 사진을 찍으면 BTS 맴버 중 한 사람과 사진을 같이 찍는 것과 같은 증강현실 기술을 선보였습니다.

---

3 증강현실은 확장현실의 한 분야로, 현실세계와 가상세계를 혼합하여 사용하므로 혼합현실
   (MR: Mixed Reality)이라고도 한다.

증강현실을 이용한 삼성의 휴대폰으로 BTS와 사진 찍기 행사 회면[4]

TV 방송에도 증강현실 기술을 사용합니다. 증강현실 기술을 이용하면 실시간으로 중계하는 운동 경기에 광고를 끼워 넣을 수 있습니다. 축구 경기나 농구 경기에서는 실제로 바닥에는 아무런 광고가 없지만, 마치 바닥에 광고가 있는 것처럼 보여 줍니다. 이처럼 아무것도 없는 농구장 바닥에 자유자재로 광고를 보여 주는 것이 가능한 세상이 되었습니다.

농구 중계방송에 등장한 광고

---

4 출처: https://www.sammobile.com/news/bts-fans-uk-capture-xr-selfies-with-band-members/

증강현실 기술은 아이들 교육에도 활용됩니다. QuiverVision에서는 아래 그림과 같이 증강현실 교육용 앱을 만들었습니다. 아이들이 그림판에 색칠하고 앱을 비추면 방금 색칠한 나비들이 화면을 날아다닙니다.

증강현실 기술을 이용한 교육

증강현실을 이용한 다양한 응용 프로그램도 개발되고 있습니다. 처음 방문하는 도시에서 식당이나 커피숍 등의 위치를 쉽게 찾을 수 있는 앱도 개발되었습니다. GPS와 증강현실 기술을 결합하여 가게 위치, 평점, 연락처 등을 쉽게 알 수 있습니다.

증강현실을 이용한 가게 정보 앱

확장현실은 가상현실과 증강현실을 통합하는 개념이라 설명하였습니다. 확장현실로 어떤 작업이 가능한지를 엔비디아NVIDIA의 CloudXR이 보여줍니다. 과거 새로운 자동차를 디자인할 때는 기본적인 설계가 완성되면 실제로 자동차를 만들고 수정하는 작업을 거쳤습니다. 이제는 가상의 세계에 자동차를 만들고 서로 떨어져 있는 디자이너들이 협업하여 가상의 자동차를 계속 수정합니다. 어느 한 곳에 만들어진 모형을 디자이너들이 수정하는 것이 아니라 서로 다른 장소에 있는 디자이너들이 가상의 자동차를 수정하여 하나의 결과물을 만들어 냅니다.

엔비디아 CloudXR 시연 화면 [5]

물리적으로 떨어져 있는 사람들이 하나의 가상공간에 모여 작업하는 것뿐 아니라 현실의 세계와 똑같은 경험을 할 수 있게 하는 기술을 메타버스Metaverse라고 부릅니다. 즉, 초월적인 변화를 의미하는 메타Meta와 우주를 의미하는 유니버스Universe를 합한 단어입니다. 다시

5　https://www.youtube.com/watch?v=agQc84QTliU

말해 현실의 공간이 아닌 가상의 또 다른 세상을 의미합니다. 이러한 메타버스의 잠재력을 평가한 페이스북은 사명을 메타로 변경하고 메타버스와 관련한 사업을 미래 먹거리 사업으로 추진하고 있습니다.[6] 많이 사용하는 메타버스로는 로블록스, 마인크래프트, 제페토가 있으며 각종 회의, 입학식, 졸업식에 메타버스가 활용되고 있습니다.

제페토 캐릭터 이미지[7]

---

6 사명을 메타로 변경한 페이스북은 2022년에 전년도와 대비하여 60%의 주가 하락을 겪었다. 주가 하락으로 300조 원의 시가총액이 사라졌으며 미국 내의 시총 순위가 11위까지 하락하였다. 틱톡과 같은 플랫폼의 부각으로 페이스북 사용자가 감소한 원인도 있지만, 많은 돈을 투자하고 있는 메타버스 분야에 대한 회의적인 시각이 주가를 하락시킨 것으로 판단된다. 반대 의견도 있다. 어도비의 「크리에이티브의 미래: 크리에이터 경제의 수익 창출」 보고서에 따르면 메타버스가 지속적으로 성장하여 새로운 일자리를 창출할 것으로 기대하고 있다(출처: https://zdnet.co.kr/view/?no=20221028094656).

7 https://zepeto.me

두 눈을 속여서 만들어지는 3차원

우리가 보는 사물은 3차원이지만 디스플레이는 2차원 평면입니다. 그래서일까요? 2차원 평면을 통하여 3차원 효과를 내기 위한 많은 기술이 개발되었습니다. 가장 대중적인 방식은 3차원 물체를 프레임 형태로 만들고 빛의 음영을 이용하여 입체로 보이게 하는 컴퓨터 그래픽 CG: Computer Graphic 기술입니다.

와이어 프레임을 렌더링하는 과정

3D 게임 〈God of War〉의 한 장면

3차원 컴퓨터 그래픽 기술을 가장 잘 볼 수 있는 것은 게임 분야입니다. 여러 장면을 사실적으로 표현하기 위하여 세세한 부분 하나하나를 그래픽으로 표현합니다. 고품질의 컴퓨터 그래픽을 표현하기 위해서는 많은 양의 계산이 필요합니다. 물체가 이동할 때는 빛의 방향에 따라 표면의 색상과 질감을 다르게 표현해야 하고, 재질의 특성에 따라 움직임을 다르게 해 주어야 하기 때문입니다. 그래서 높은 품질의 그래픽을 가진 게임을 플레이할 때는 고속의 그래픽 카드가 필요합니다. 컴퓨터 부품을 구매할 때, 과거에는 CPU가 제일 비싼 부품이었으나, 지금은 그래픽 카드가 가장 비싼 부품이 되었습니다.[8]

진짜 3차원 이야기를 해 보죠. 인간은 어떻게 3차원을 인식할까요? 인간은 귀가 2개여서 좌우로 들리는 소리를 구분합니다. 그래서 어느 방향에서 소리가 들리는지를 알 수 있습니다. 마찬가지로 인간은 눈도 2개여서 3차원 공간감을 인식합니다. 만약 눈이 1개라면 거리 감각이 둔해집니다. 간단한 실험을 해 보죠. 자신의 눈높이 선반에 컵을 하나 올려놓고 뒤로 살짝 물러섭니다. 두 눈을 감았다 한쪽 눈만 뜹니다. 그리고 손가락을 뻗어 컵에 닿게 해 보죠. 아마 잘 닿지 않을 겁니다. 한쪽 눈만으로는 거리감을 알기 어렵기 때문입니다.

---

8 고사양 게임의 보급과 비트코인과 같은 암호화폐를 채굴하는데 그래픽 카드가 사용될 뿐 아니라 인공지능 알고리즘도 GPU를 사용함에 따라 그래픽 카드의 품귀현상이 발생하여 가격이 천정부지로 올랐다. 그래서 그래픽 카드 전문업체인 엔비디아가 급성장하게 되었다.

우리가 거리감 혹은 3차원을 인식하는 것은 두 눈에 비치는 형상의 차이를 감지하기 때문입니다. 다음 그림과 같이 집과 나무가 있는 풍경이 있다고 가정해 보죠. 왼쪽 눈으로 보면 나무와 집이 떨어져 있는 것처럼 보이지만, 오른쪽 눈으로 보면 나무와 집이 겹쳐 보입니다. 이 두 영상의 차이를 감지하여 나무가 집 뒤에 있다는 것을 인식합니다. 두 물체를 앞뒤로 놓고 양쪽 눈을 한 쪽씩 감아 보면 두 눈에 보이는 영상에 차이가 있음을 알 수 있을 겁니다.

왼쪽 눈 이미지　　　　　　오른쪽 눈 이미지

우리가 인식하는 실세계는 3차원인데 반하여 TV나 영화 등 대부분 영상이나 사진은 2차원입니다. 그래서 진짜 3차원을 구현하려는 많은 시도가 있었습니다. 우선 반복되는 패턴을 이용하여 입체처럼 보이게 하는 방법이 있습니다. 다음 그림을 계속 쳐다보고 있으면 가운데 원이 튀어나와 보일 겁니다. 이 방법은 복잡한 패턴을 이용하여 사람의 눈을 속이는 것입니다. 입체적으로 보이기는 하지만, 다양한 물체를 입체적으로 보이도록 하기에는 반복 패턴 방식은 한계가 있습니다.

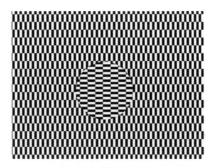

패턴에 의한 입체 영상 예시

사람의 눈을 속여 입체 영상을 만드는 방법으로 한때 매직아이magic eye라는 것이 유행했습니다. 매직아이의 원래 이름은 스테레오그램 stereogram입니다. 인터넷에서 스테레오그램을 검색하면 관련한 많은 사진을 볼 수 있습니다. 다음 사진은 스테레오그램 중 하나입니다.

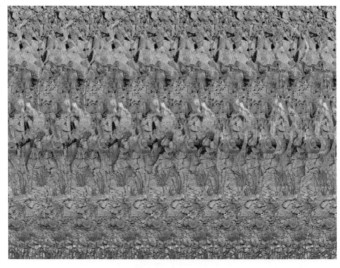

스테레오그램의 예시

스테레오그램을 입체로 보는 방법은 간단합니다. 우선 앞의 사진을 눈에다 가까이 가져가 눈동자를 최대한 가운데로 모으려고 애써 보세요. 흐릿한 초점을 유지한 채로 사진에서 점점 멀어지면 입체 영상이 보일 겁니다.

앞의 스테레오그램 정답 화면

정답은 위 그림과 같이 코끼리와 하이에나가 있는 정글 사진입니다. 스테레오그램은 사람의 눈을 억지로 사시로 만들어야만 보이기 때문에 입체 영상을 보지 못하는 사람도 있을 수 있습니다.

스테레오그램 이후에는 빨간색과 파란색 렌즈가 달린 안경을 이용하여 입체 영상을 만드는 방식이 개발되었습니다. 사진이나 영상에 빨간색과 파란색을 집어넣어 입체적으로 보이게 하는 기술입니다. 앞서 왼쪽 눈과 오른쪽 눈에 보이는 것이 달라야 입체로 인식한다고 설명하였습니다. 다음 오른쪽 사진을 빨간색–파란색 안경으로 보면 빨간색 렌즈 쪽에서 빨간색은 흰색으로 보이고, 파란색 렌즈 쪽에서 빨간색은 검은색으로 보입니다.

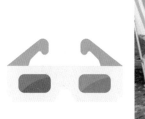

빨간색과 파란색 렌즈를 이용한 3D 화면

반대로 파란색 렌즈 쪽에서 빨간색을 보면 검은색으로 보이고, 파란색 렌즈 쪽에서 파란색을 보면 흰색으로 보입니다. 이렇게 왼쪽 눈으로 보이는 영상과 오른쪽 눈으로 보이는 영상을 다르게 하여 구현한 것이 빨간색-파란색 렌즈를 이용한 입체 영상입니다. 이 방식은 빨간색과 파란색을 이용하기 때문에 원래 사진 색상을 왜곡시키는 단점이 있습니다. 그래서 고품질 입체 영상을 얻을 수 없어 현재는 잘 사용하지 않습니다.

편광안경 polarizing glass을 이용한 방식도 있습니다. 편광안경은 특정한 빛을 걸러 주는 역할을 합니다. 왼쪽과 오른쪽 렌즈가 걸러주는 빛을 다르게 설계하여 오른쪽에서 보이는 영상이 왼쪽에서는 보이지 않게 합니다. 영화 〈아바타〉처럼 입체 영화를 보러 가면 극장 입구에서 편광안경을 나누어 줍니다. 또 과거 삼성이나 LG에서는 판매하는 입체 TV를 구입하면 편광안경을 같이 주기도 했습니다.

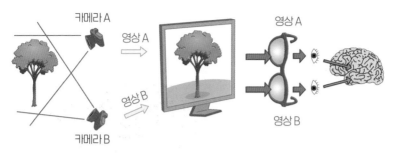

편광안경을 이용한 3D 영상 제작 방식

    입체 영상이나 영화를 제작할 때는 사람의 눈처럼 렌즈 2개가 나란히 놓인 카메라로 촬영합니다. 이후에 빨간색-파란색 안경이나 편광안경에서 입체적으로 보이도록 영상을 변환시킵니다. 요즘은 안경 방식 대신 헤드셋을 많이 사용합니다. 두 대의 입체 카메라로 찍은 영상을 왼쪽과 오른쪽 눈에 바로 보여 주는 것이 헤드셋입니다. 안경 방식보다 선명하고 정확한 입체 영상을 보여 주는 장점이 있습니다.

    입체 영상 TV는 이제 거의 찾아볼 수 없습니다. 영화관에서도 편광안경을 끼고 보는 입체영화를 찾기 어렵습니다. 헤드셋으로 영상을 보는 사람이 많지 않습니다. 그 이유가 무엇일까요? 눈을 속여서 입체 영상을 만드는 방식이 사람들을 매우 지치게 하기 때문입니다. 실제로 헤드셋을 착용하여 입체 영상을 보면 메스껍거나 멀미를 하는 사람들이 있습니다. 따라서 어떤 기기도 착용하지 않고서도 입체 영상을 만들 수 있는 기기 개발이 활발하게 이루어지고 있습니다. 입체 영상 모니터는 일반 모니터에 편광 필름을 씌워 입체 영상을 구현하는 것입니다. 앞서 편광안경에서 설명했듯이, 편광 필름은 빛 일부를 보지 못하게 합니다. 모니터 앞쪽에 왼쪽 시야와 오른쪽 시야에

서로 다른 빛을 전송할 수 있는 편광 필름을 붙여 입체 영상을 구현한 것입니다. 대표적인 제품으로 닌텐도의 3DS 게임기가 있습니다. [9]

닌텐도의 3DS 게임기

아날로그와 디지털

'인생은 BCD'라는 말이 있습니다. 태어나서 Birth 죽는 것 Death 사이에는 끊임없는 선택 Choice이 있다는 뜻입니다. 어떤 이들은 삶과 죽음 사이에는 돈 Cash이 있다고 이야기합니다. 사실 선택이라는 것은 하나를 얻기 위해 다른 무언가를 포기하는 것입니다. 내가 물건을 사겠다고 선택하는 것은 내가 가진 돈을 포기하는 대신에 물건을 얻겠다는 뜻입니다. IT에서도 같은 일이 발생합니다. 사진을 보죠. 화질 좋은 사진을 얻기 위해서는 많은 저장 공간을 포기해야 합니다. 동일한

---

9   어떤 기기도 착용하지 않고 입체 영상을 만드는 입체 영상 모니터가 이미 개발되어 광고나 게임기에 적용되고 있지만 선명도의 문제가 남아 있어 많이 보급되지 못하고 있다. 입체 영상을 지원하는 기기의 보급률이 낮다는 것은 메타버스 사업 확장의 걸림돌로 작용하고 있으며, 이것이 메타의 주가를 끌어내리는 이유 중 하나가 되었다.

저장 공간에 많은 사진을 넣으려면 사진의 화질을 포기해야 합니다. MP3가 그렇습니다. 4분짜리 고음질 음악 파일 1개의 크기는 약 40메가바이트입니다. MP3는 음질을 포기하는 대신에 크기를 1/10인 4메가바이트로 줄입니다. 그래서 크기를 포기하는 대신 고음질을 원하는 소비자를 위해 고음질 음악 파일 서비스가 따로 있습니다.

멀티미디어에 관한 이야기를 하기 전에 먼저 아날로그와 디지털을 알아보죠. **아날로그**analogue는 연속적으로 변하는 값을 의미합니다. 대표적인 예로 자동차 속도계, 바늘이 달린 시계, 수은주 온도계, 레코드판에 녹음된 음악 등은 모두 아날로그 신호입니다. 우리가 일반적으로 자연에서 얻는 빛의 밝기, 소리의 크기, 바람의 세기 등은 모두 아날로그입니다. 아날로그가 연속된 값이라는 것은 시계 초침에서 알 수 있습니다. 25초에서 26초로 넘어가는 사이에 25.1초, 25.2초처럼 연속된 시간을 지나서 26초가 됩니다.

아날로그 시계(왼쪽)와 디지털 시계(오른쪽)

디지털digital은 아날로그에 대비되는 단어로, 아날로그 상태의 연속적인 값을 숫자나 문자 등으로 끊어 불연속적으로 표현한 것입니다. 디지털은 손가락을 뜻하는 라틴어인 디지투스digitus에서 유래된 단어로 끊어진 값을 가집니다. 디지털 시계는 25초와 26초 사이의 연속된 값을 보여 주지 않고 딱 25초와 26초만 보여 줍니다. 그래서 디지털은 불연속입니다. 아래 그림은 아날로그와 디지털 차이를 나타냅니다. 아날로그 신호는 왼쪽과 같이 계속 이어지면서 표현됩니다. 반면에 디지털 신호는 오른쪽과 같이 끊어진 값을 가집니다.

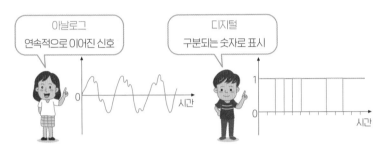

아날로그 신호(왼쪽)와 디지털 신호(오른쪽)

디지털의 장점은 저장 공간을 많이 차지하지 않아 정보 보관이 용이하다는 것입니다. 책 수만 권을 보관하려면 큰 서재가 필요하지만, 책을 스캔하여 디지털로 저장하면 작은 USB 드라이브 하나면 됩니다. 또 디지털은 셀 수 있는 값이기 때문에 복제가 쉽고, 여러 번 복제하더라도 원본 차이가 없다는 장점이 있습니다. 복사기로 문서를 복사한 후 다시 복사하면 복사할수록 품질은 떨어집니다. 그러나 디지털은 이러한 문제가 없습니다.

아날로그	디지털
정보 저장 공간을 많이 차지한다.	정보 저장 공간을 적게 차지한다.
복제를 하면 품질이 떨어진다.	복제가 쉽다.
수정이나 변경이 어렵다.	수정이나 변경이 쉽다.
시간이 지나면 변한다.	시간이 지나더라도 훼손되지 않는다.
세밀한 표현이 가능하다.	아날로그에 비해 덜 세밀하다.

아날로그와 디지털의 특징 비교

디지털의 또 다른 장점은 수정이나 변형이 쉽다는 것입니다. 필름으로 찍은 사진은 수정이나 변형이 어렵지만, 디지털 사진은 포토샵 같은 프로그램으로 간단히 수정할 수 있습니다. 마지막으로 디지털의 장점은 시간이 지나더라도 원래 데이터가 훼손되지 않는다는 것입니다. 필름 사진은 오랜 시간이 지나면 색이 바래지만, 디지털 사진은 시간에 상관없이 원래 상태대로 보관이 가능합니다.

아날로그 음악(왼쪽)과 디지털 음악(오른쪽)

레코드판이 아날로그 파형을 저장한 것이라면 CD Compact Disk 는 아날로그 파형을 디지털로 변환하여 저장한 것입니다. 레코드판에 저장된 음악은 소리의 파동을 레코드판 홈에 기록한 것으로, 레코드 바늘이 홈을 따라 움직이면서 음악을 재생합니다. CD에 저장된 음악은 아날로그 파형을 디지털로 변환한 후 0과 1로 저장한 것입니다. 이것이 가능하려면 아날로그 신호를 디지털 신호로 변환할 수 있어야 하고, 반대로 디지털 신호를 아날로그 신호로 복원할 수 있어야 합니다.

아날로그 신호를 디지털로 변환하는 방법을 보죠. 다음 그림 왼쪽과 같은 아날로그 신호를 디지털로 변환하려면 먼저 오른쪽과 같이 일정 간격으로 아날로그 파형을 자릅니다. 파형을 자를 때는 아날로그 신호에 닿을 때까지 막대기를 그립니다. 그리고 각 막대의 높이를 작성한 후 높이 값을 2진수로 변환하면 디지털 신호가 됩니다. 여기서 아날로그 신호를 일정 간격으로 자르는 과정을 샘플링 sampling 이라고 합니다. 그래서 아날로그 신호를 디지털 신호로 변환하는 작업을 일반적으로 '샘플링 작업'이라고 부릅니다. 아날로그로 녹음된 노래를 디지털로 바꾸는 방법도 샘플링입니다.

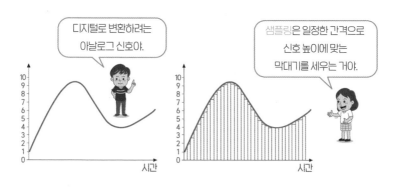

샘플링을 통한 아날로그 신호의 디지털화

디지털 신호를 아날로그 신호로 복원할 때는 반대로 하면 됩니다. 샘플링한 숫자만큼 높이를 가진 막대를 일정한 간격으로 세운 후 각 막대의 중심을 지나는 선을 그리면 아날로그 신호가 됩니다. 우리가 즐겨 듣는 모든 디지털 음악은 이처럼 디지털 신호를 아날로그 신호로 복원하여 만든 것입니다.

고음질 음악 파일

멜론이나 벅스 뮤직을 방문해 보면 일반적인 음악 파일 말고도 고음질의 음악 파일을 제공합니다. 보통의 음악 파일은 MP3이며 고음질의 음악 파일은 FLAC 파일입니다. 두 파일은 어떻게 다를까요?

멜론에서 지원하는 FLAC 파일

멀티미디어 데이터의 가장 큰 문제는 파일 크기입니다. 문서 파일의 크기는 몇 킬로바이트 수준이지만 사진은 수 메가바이트이며, 동영상은 수 기가바이트에 이릅니다. 그래서 사진이나 동영상 파일처럼 크기가 큰 멀티미디어 파일을 저장할 때는 압축 알고리즘을 사용합니다.

압축 원리는 간단합니다. 반복되는 데이터를 요약하여 보관하면 됩니다. 다음 그림에서 원본은 {사과, 사과, 사과, 사과, 사과, 사과, 배}입니다. 이를 압축하여 저장할 때는 {사과, 6, 배}로 저장하면 됩니다. 이는 {사과 6개, 배}라는 의미입니다. 이렇게 압축한 것을 다시 복원하면 {사과, 사과, 사과, 사과, 사과, 사과, 배}가 되어 원본이 만들어집니다.

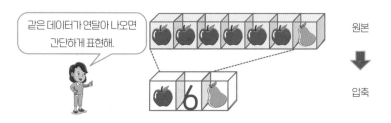

같은 데이터가 연달아 나오면 간단하게 표현해.

원본

압축

데이터 압축 원리

앞서 얻는 것이 있다면 잃는 것도 있다고 설명했습니다. 압축은 비손실 압축과 손실 압축에 따라 잃는 것과 얻는 것이 분명해집니다. 비손실 압축은 원본과 똑같이 복원할 수 있습니다. 손실 압축은 원본과 똑같지는 않지만 많이 압축할 수 있는 방식입니다. 비손실 압축은 파일 크기가 10~30% 정도밖에 줄어들지 않지만, 손실 압축은 90%까지 파일 크기를 줄일 수 있습니다.

다음 그림은 비손실 압축과 손실 압축의 차이점을 나타냅니다. 그림 왼쪽에서 원본은 {사과, 사과, 사과, 사과, **덜 익은 사과**, 사과, 배}입니다. 이를 비손실 알고리즘으로 압축하면 {사과, 4, **덜 익은 사과**, 사과, 배}가 됩니다. 압축된 데이터를 복원시키면 {사과, 사과, 사과, 사과, **덜 익은 사과**, 사과, 배}가 되어 원본과 똑같아집니다. 비손실 압축은 압축률이 작은 대신에 손실 없이 원본을 그대로 복원할 수 있는 방식입니다.

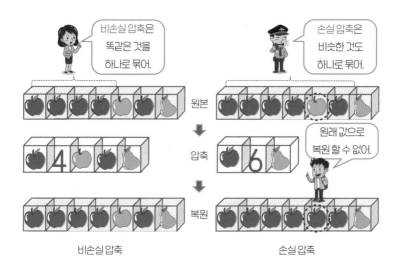

비손실 압축과 손실 압축 비교

　그림의 오른쪽, 손실 압축은 똑같지 않아도 비슷한 것끼리 하나로 묶어 버립니다. 그래서 손실 압축을 사용하면 {사과, 6, 배}가 됩니다. **덜 익은 사과**도 사과로 묶어 버린 것입니다. 손실 압축에서는 데이터 7개가 3개로 줄었으므로 비손실 압축보다 압축률이 더 높습니다. 그러나 손실 압축을 복원하면 {사과, 사과, 사과, 사과, 사과, 사과, 배}가 되어 원본과 달라집니다. 복원을 하니 **덜 익은 사과**가 사라져 버렸습니다. 이렇듯 손실 압축은 원본으로 복원할 수 없습니다.

　비손실 압축과 손실 압축은 쓰임새가 다릅니다. 일반적인 압축에 사용하는 ZIP이나 RAR의 경우 비손실 압축을 사용합니다. 문서나 중요한 데이터를 압축했는데 원본이 사라져 버리면 안 되기 때문입니다. 그러나 사진이나 동영상처럼 원본 복원보다는 압축률이 중요할 때는 손실 압축을 사용합니다. 대표적인 손실 압축 방식으로 MP3

와 JPEG가 있습니다.

컴퓨터에서 사용할 수 있는 다양한 오디오 파일 포맷이 존재합니다. 음악 CD에 있는 디지털 데이터를 그대로 옮겨 놓은 것이 WAV 파일입니다. WAV는 압축을 사용하지 않기 때문에 크기가 크다는 단점이 있습니다. WAV와 음질은 같고, 파일 크기는 작은 포맷이 FLAC Free Lossless Audio Codec 입니다. FLAC은 비손실 압축을 사용하기 때문에 WAV와 음질은 같지만, 크기는 30% 이상 작습니다. 멜론이나 벅스에서 다운로드한 고음질 음악 파일은 대부분 FLAC 파일입니다. FLAC과 비슷한 비손실 압축 포맷으로 OGG와 애플에서 쓰는 ALE Apple Lossless Encoder 포맷이 있습니다. [10]

일반적으로 가장 많이 사용하는 오디오 포맷은 MP3입니다. [11] MP3는 손실 압축 알고리즘을 적용한 포맷입니다. MP3는 2000년도에 초고속 통신망을 보급하기 이전에 만들어진 포맷입니다. 당시에는 네트워크 속도가 많이 느려서 파일 크기를 크게 줄이려고 만든 포맷이 MP3입니다. 보통 WAV 포맷의 크기를 1/11로 줄일 수 있습니다.

MP3의 압축률을 조절할 수 있습니다. 가장 많이 사용하는 압축률이 128kbps입니다. MP3는 64 · 128 · 192 · 256 · 320kbps로

---

10 일반적인 음악의 음질은 44.1/16이지만, 고음질의 음악은 96/24이다. 음원 웹 사이트인 지니에서는 고음질의 96/24 음원을 판매한다. FLAC 형식으로 되어 있으며, 24비트 FLAC이라고 한다. 보통 24비트 음원은 고음질의 96/24를 의미한다.

11 MP3는 MPEG(Moving Picture Experts Group)에서 제안한 압축 알고리즘을 사용하여 만들어진 오디오 포맷이다. MPEG에서 제안한 동영상용 압축 포맷이 MP4이다.

압축률을 조절할 수 있으며, 320kbps가 최고 음질입니다. MP3는 손실 압축이기 때문에 원음과는 차이가 있습니다. 크기를 줄이는 대신에 음질을 일부 포기한 것입니다. MP3와 유사하게 손실 압축을 사용하는 포맷으로 애플의 AAC Advanced Audio Coding가 있습니다.

무압축 오디오 포맷	비손실 압축 오디오 포맷	손실 압축 오디오 포맷
WAV	FLAC, OGG, ALE	MP3, AAC

압축 오디오 포맷의 종류

이미지와 동영상 데이터

우리가 이미지 포맷으로 가장 많이 사용하는 것은 JPEG입니다. JPEG의 특징을 이해하기 위해서는 RGB를 알아야 합니다. 컴퓨터에서는 점(픽셀)을 표현할 색상 하나를 표현할 때 RGB를 사용합니다. RGB는 빛의 삼원색인 빨간색 Red, 녹색 Green, 파란색 Blue의 준말입니다. [12] 참고로 인쇄에서는 CMYK를 사용합니다.

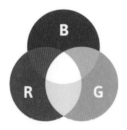 

RGB(왼쪽)와 CMYK(오른쪽)

---

12 점 색상 하나를 구성하는 RGB는 각각 1바이트 크기를 가진다. 1바이트가 표현할 수 있는 값은 0에서 255까지, 총 256(2^8)단계이다. 따라서 빨간색(R), 녹색(G), 파란색(B)의 각 색상을 256단계로 섞어 사용할 수 있다.

RGB 방식에서 색상은 각 색의 농도로 표시됩니다. RGB(0, 0, 0)은 빛이 없으므로 검은색이 됩니다. 반대로 흰색은 모든 빛을 다 사용하는 (255, 255, 255)입니다. 같은 방식으로 빨간색의 RGB 값은 (255, 0, 0), 녹색은 (0, 255, 0), 파란색은 (0, 0, 255)입니다. RGB 값 (255, 0, 255)는 어떤 색상일까요? 빨간색과 파란색이 섞였으므로 보라색입니다. 그렇다면 노란색은 어떻게 만들 수 있을까요? 빨간색과 녹색 빛이 섞이면 노란색이 됩니다. 그래서 노란색 RGB 값은 (255, 255, 0)입니다.

모니터 화면에 표시되는 이미지는 무수히 많은 점(픽셀)으로 구성됩니다. 그림의 왼쪽 그림을 확대해 보면, 여러 색상으로 된 많은 점으로 구성되어 있다는 것을 알 수 있습니다. 이미지를 구성하는 각각의 점을 픽셀pixel 또는 화소라고 부릅니다. 또 각 픽셀은 빛의 삼원색인 빨간색, 녹색, 파란색의 3가지 색상으로 구성됩니다.

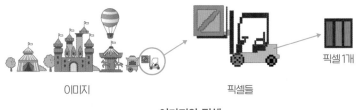

이미지   픽셀들   픽셀 1개

이미지와 픽셀

아래 그림의 왼쪽은 모니터의 픽셀을 확대한 것이며, 오른쪽은 각 픽셀로 사람의 눈을 표현한 것입니다. 앞서 설명했듯이 모니터에서 하나의 픽셀은 RGB로 구성됩니다. 다시 말해 픽셀의 RGB가 (0, 0,

0)이면 검은색이 됩니다. [13]

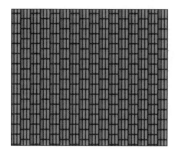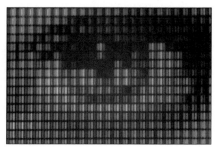

픽셀의 예시

사진이나 모니터의 해상도는 가로세로의 픽셀 개수로 나타냅니다. 방송이나 OTT에서 사용하는 FULL HD 해상도는 1,920×1,080입니다. 다시 말해 가로로 1,920개의 픽셀이 있고 세로로 1,080개의 픽셀이 있다는 의미입니다. 최근 고가의 TV 중 4K TV라는 것이 있습니다. 이는 픽셀의 가로 개수가 약 4,000개라는 의미입니다. 가로와 세로 비율이 16대 9이기 때문에 가로 픽셀이 4,000이면 세로 픽셀은 약 2,250이 됩니다. 그렇다면 8K TV는 어떻게 될까요? 대략 8,000×4,500의 해상도를 가진 TV라는 의미입니다. [14]

이미지 파일도 음악 파일과 마찬가지로 압축하지 않은 포맷, 비손실 압축 포맷, 손실 압축 포맷으로 나뉩니다. 이미지를 압축하지 않

---

13 RGB 각각이 256가지 농도를 가지므로 하나의 픽셀이 표현할 수 있는 색상은 256 × 256 × 256 = 16,777,216가지다. 이를 트루컬러(true color)라고 한다.

14 4K 해상도를 울트라 HD라 부르며 정확히는 3,840 × 2,160의 해상도이다. 8K는 정확히 7,680 × 4,320의 해상도를 가진다.

고 그대로 저장하는 파일 포맷이 BMP(비트맵)와 RAW[15]입니다.

비손실 압축을 사용한 표준 포맷은 PNG와 TIFF입니다. 둘 다 비손실 압축이기 때문에 화질 손상 없이 보관할 수 있지만 파일 크기가 크다는 단점이 있습니다. 손실 압축으로 가장 많이 사용하는 포맷은 JPEG Joint Photographic Experts Group입니다. 확장자는 보통 JPG나 JPEG가 됩니다. JPEG 파일은 디지털 카메라가 사진을 저장할 때도 사용하고, 웹에서도 사용할 수 있는 포맷이기 때문에 널리 사용되고 있습니다.

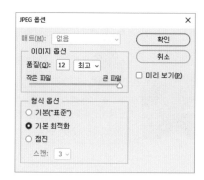

최고화질(왼쪽)과 저화질(오른쪽)

JPEG는 손실 압축을 사용하기 때문에 파일 크기가 확 줄어듭니다. 또한 압축률을 조절하여 저장되는 파일의 크기를 조절할 수 있습니다. 디지털 카메라의 화질 설정 메뉴를 보면 고화질, 중화질, 저화질을 설정할 수 있습니다. 또 포토샵 같은 프로그램에서 작업을 마친

---

15 RAW는 영어로 날 것이라는 뜻으로, 카메라가 받은 데이터 원본을 의미한다. RAW는 디지털 카메라를 만드는 회사마다 확장자가 다르기 때문에 컴퓨터에서 호환이 가능한 표준 포맷으로 변환해야 한다.

후 JPEG로 저장할 때, 앞의 그림과 같이 화질을 저화질에서 최고화질까지 선택하여 저장할 수 있습니다. 저화질은 많은 수의 비슷한 패턴을 하나로 만들기 때문에 파일 크기는 작지만 화질이 나쁩니다.

이미지를 살펴 보았으니 동영상을 알아 볼까요? 여러 개의 이미지를 빠른 속도로 작동시키면 동영상이 됩니다. 동영상의 원리는 플립북으로 이해할 수 있습니다. 플립북은 종이에 여러 그림을 이어지게 그리고, 한 번에 넘겨서 보는 책입니다. 그림을 빨리 넘기면 그림이 움직이는 것처럼 보입니다.

플립북의 움직임

애니메이션이나 영화도 마찬가지입니다. 그림과 같이 이어지는 사진 여러 장을 빠른 속도로 보여 주면 마치 사자가 오른쪽으로 움직이는 것처럼 보입니다. [16]

---

16 사람의 눈은 한 번 본 것은 1/16초 동안 잔상이 맺힌다. 배경은 계속 눈에 남아있는데, 사자는 옆으로 이동하기 때문에 움직이는 것처럼 느끼게 된다. 이를 잔상 효과라고 한다.

잔상 효과 때문에 움직이는 것처럼 보여.

애니메이션의 움직임

일반적으로 동영상은 1초에 사진 60장을 연속해서 보여 줍니다. 모니터가 동영상을 보여주거나 마우스의 움직임을 보여주는 것도 마찬가지입니다. 모니터는 1초에 60번씩 화면을 다시 그립니다.[17] 빠른 반응이 중요한 게임용 모니터에서는 고주사율 모니터가 사용되고 있으며, 최근 120Hz 이상의 모니터가 나오고 있습니다.

1초에 사진 수십 장을 연속해서 보여 주어야 하므로 사진에 비하여 동영상 데이터는 굉장히 큽니다. 따라서 동영상은 손실 압축을 사용하여 파일 크기를 줄입니다. 가장 많이 사용하는 동영상 압축 포맷은 MP4입니다.[18]

---

17 모니터가 화면을 얼마나 자주 재생해 주는가를 표시하는 것이 재생 빈도이며 보통 헤르츠 (Hz)로 표시한다. 60Hz 모니터란 의미는 1초에 60번 화면을 재생한다는 의미이다.

18 MP4는 MPEG에서 만든 동영상용 압축 알고리즘으로, 네 번째 버전을 의미한다. 참고로 음 악용으로 사용하는 MP3는 MPEG 버전 3이 아니라, MPEG 버전 1번의 세 번째 오디오 계층 (MPEG-1 Audio Layer 3)이라는 의미이다.

10장

블록체인

95% = 2000%

주식에 관심이 없는 사람이라 할지라도 우리나라 최고의 주식은 삼성전자라는 것을 알 것입니다. 그렇다면 한국 주식 역사상 단기간 내에 가장 높은 상승률을 보인 주식은 무엇일까요? 바로 새롬기술입니다. 새롬기술은 액면가 5천 원을 기준으로 1999년 9월에 1만 9천 원이던 주가가 2000년 3월에 282만 원까지 치솟았습니다. 약 2만 원이던 주식이 6개월 만에 280만 원이 되었으니 14,000% 상승한 것입니다. 1999년 9월에 200만 원을 새롬기술에 투자했다면 6개월 만에 2억8천만 원이 됩니다. 주말을 제외한 약 125일 동안 140배가 뛰었으니, 눈 뜨고 일어나면 새롬기술 주식은 올라 있었습니다.

당시 새롬기술은 '다이얼 패드'라는 서비스를 시작하였습니다. 다이얼 패드는 인터넷을 이용한 국제전화입니다. 지금의 카카오톡 전화 기능과 비슷합니다. 새롬기술은 다이얼 패드라는 기술로 2000년 당시의 주가(280만 원)가 삼성전자 주가(당시 250만 원)[1]를 앞질렀습니다. 매출은 어땠을까요? 2017년 기준으로 삼성전자의 매출액은 약 240조 원이며 순이익 42조 원입니다. 새롬기술은 2000년 당시 매출액 260억에 순이익 12억의 회사였습니다. 매출액 기준으로 약 1천분의 1인 새롬기술의 주가가 삼성전자보다 비쌌습니다. 당시 일반인은 기술 주식에 대한 묻지마 투자를 계속하였고, IT나 닷컴 냄새만 나면 해당 주식들은 무서운 상승세를 보였습니다. 이를 '닷컴 버블'이라고 부릅니다. 새롬기술은 망했고 해당 주식은 휴지 조각이 되었습니다. 새롬기술의 상장 폐지로 인해 피해를 본 사람은 소위 개미라 불리는 일반인입니다.

요즘 비트코인을 모르는 분들은 없을 겁니다. 비트코인이 유명해진 이유는 무서운 가치 상승 때문입니다. 2019년 4월에 467만 원이었던 비트코인은 2년 뒤인 2021년 4월에 7,000만 원까지 치솟습니다. 불과 2년 만에 약 15배, 단순하게 계산해 보면 467만 원을 투자하면 7,000만 원이 됩니다. 사실 비트코인이 세상에 처음 나올 때 그 가치는 약 1,000원 정도였습니다. 이때 비트코인 10개, 약 1만 원어치를 샀으면, 2021년 4월에는 7억 원이 되었다는 뜻입니다. 누가 들어도 혹할 만한 이야기입니다.

---

1   2018년 삼성전자는 50:1의 액면분할을 하였다. 당시 주가 250만 원은 액면분할을 고려하면 현재 주가 5만 원에 해당한다.

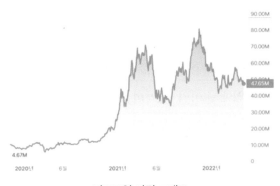

비트코인 가격 그래프

비트코인의 이러한 가치 상승으로 인하여 많은 유사 암호화폐[2]가 생겨났습니다. 모든 일에 빛과 어둠이 있듯이, 모든 암호화폐가 비트코인과 같지는 않습니다. 예를 들어 루나LUNA의 경우, 2022년 4월 14만 원이었다가 불과 50일 만에 1,300원대까지 떨어졌습니다. 2022년 5월 12일에는 단 하루 동안 95% 하락하다가 결국 상장 폐지됐습니다.

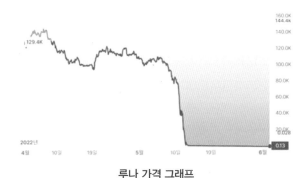

루나 가격 그래프

---

2 암호화폐는 실제로 화폐의 기능은 거의 없다. 외국에서도 암호화폐를 화폐로 보기보다는 디지털 자산(digital asset)으로 취급한다.

투자에 대한 전적인 책임은 투자자의 몫입니다. 이 책은 암호화폐나 NFT와 관련된 사실들을 전달할 뿐, 투자가치를 논하지는 않습니다. 그러나 주식이나 암호화폐, NFT와 같은 곳에 투자를 하고 있거나 하려는 분들에게 꼭 하고 싶은 이야기가 있습니다. 투자에 있어서 이익 실현도 좋지만, 더 중요한 것은 위험 관리입니다.

주식이나 가상화폐의 가치가 하락할 때 많은 사람이 조금만 기다리면 원금을 회복할 것이라 생각합니다. 그러나 어느 수준 이상으로 가치가 하락하면 위험 관리 차원에서 손절을 해야 합니다. 루나가 95% 폭락한 상황을 보죠. 쉽게 생각하여 1억 원이 500만 원으로 떨어져 원래 가치의 5%만 남았다는 것입니다. 이 상태에서 원금을 회복하기 위해서는 얼마나 올라야 할까요? 95% 떨어졌으니 95% 오르면 원금이 되는 것이 아닙니다. 500만 원이 원금 1억이 되려면 2000%, 다시 말해 20배가 올라야 합니다. 루나의 경우 상장 폐지되지 않았더라도 20배가 되어 원금이 되기까지 많은 시간이 필요했을 겁니다. 다 떨어진 후 원금에 집착하기보다는 자신만의 손절 라인을 만들어 두고 위험 관리를 하는 지혜가 필요합니다.

또 다른 블록체인, NFT

3M의 한 연구원이 강력한 접착제를 개발하려 했으나 실수로 너무 약한 접착력을 가진 물질이 개발되었습니다. 해당 접착제를 종이에 발라보니 아무 곳에나 잘 붙는데, 떼어낼 때는 상처 없이 떨어졌습니다. 그래서 만들어진 것이 포스트 잇post it입니다. 쓸모없는 접착제가

최고의 히트 상품이 되었습니다.

비트코인은 원래 화폐를 대신하기 위해 만들어졌습니다. 그래서 암호화폐라고 부릅니다. 화폐를 유통하기 위해서는 누가 얼마만큼의 돈을 가지고 있는지, 혹은 그 돈을 누구에게 주었는지를 알 수 있어야 합니다. 이러한 기록을 모아 놓은 것이 거래장부입니다. 일반적인 통화의 경우, 은행에서 일어나는 모든 거래 내역은 중앙에 있는 컴퓨터에 보관합니다.

비트코인은 은행의 역할을 하는 중앙관리 시스템이 없습니다. 그래서 거래 내역을 전체에게 나눠주고 체인 형태로 묶어 버렸습니다. 이렇게 체인 형태로 묶인 거래장부(블록)를 **블록체인**blockchain이라고 부릅니다. 비트코인을 거래하기 위해서는 전자지갑을 만들고, 전자지갑에 블록(거래 기록)을 보관하면 됩니다. 따라서 전자지갑은 은행의 통장과 같은 역할을 합니다. 전자지갑은 익명으로 운영되기 때문에 누가 소유하고 있는지 알 수 없도록 했습니다.

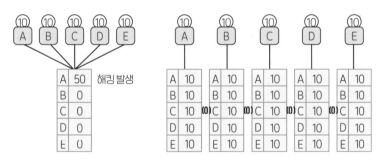

거래 내역 중앙 관리(왼쪽), 블록체인의 거래 내역 분산 관리(오른쪽)

거래 기록을 분산한다는 것은 어떤 의미일까요? A, B, C, D, E 다

섯 사람이 각각 10개씩의 동전을 가졌다고 가정해 보죠. 현재의 방식에서는 서버라고 불리는 중앙 컴퓨터에 거래 내역을 보관합니다. 이렇게 중앙에서 관리하는 경우, A가 중앙에 있는 컴퓨터를 해킹하여 나머지 사람의 동전을 자신의 계좌로 옮겨 버립니다. 그러면 A는 동전이 50개가 되고 나머지는 0이 됩니다. 중앙 컴퓨터만 해킹하면 거래장부를 변경할 수 있습니다.

암호화폐의 블록체인 기술에서는 A, B, C, D, E 모두가 같은 내용의 거래장부를 가지고 있습니다. 이 상태에서 A가 전자지갑을 해킹하려면 모든 거래장부의 값을 동시에 변경시켜야 합니다.[3] 현재의 기술로는 여러 개의 컴퓨터를 동시에 해킹하는 것이 어렵기 때문에 블록체인 기술은 해킹에 안전한 기술로 평가받고 있습니다.

블록체인 기술은 암호화폐를 유지하기 위해 개발되었지만, IT 관련자들은 암호화폐의 가치보다 블록체인 기술에 관심이 더 많습니다. 금융과 관련한 기술을 금융기술financial technology, 줄여서 **핀테크**Fin-Tech라고 부릅니다. 지금은 은행거래뿐 아니라 보험거래, 카드거래와 같은 금융거래 정보가 중앙의 컴퓨터에 저장되어 있기 때문에 항상 해킹의 위험에 노출되어 있습니다. 이러한 중요한 데이터를 블록체인 형태로 묶어서 관리하면 해킹으로부터 자유로울 수 있습니다. 블록체인 기술을 금융에 접목하여 안전하고 편리한 거래를 만드는 기술이 핀테크입니다.

---

3 비트코인에서 거래가 승인이 되려면 전체 전자지갑의 51% 이상의 변경이 일어나야 한다. 따라서 해킹을 하려면 전체 전자지갑의 최소한 51% 이상의 전자지갑을 동시에 해킹하여 값을 바꿔야만 한다.

금융 서비스뿐 아니라 위조와 변조 방지, 유통 시스템의 안정성 확보와 같은 다양한 분야에 블록체인 기술이 응용되고 있습니다. 더 나아가 디지털 인증에 블록체인 기술이 사용되고 있습니다. 앞서 이야기했듯이 디지털 데이터는 쉽게 복사됩니다. 복사된 여러 장의 디지털 데이터에 대하여 원본임을 증명하는 데 블록체인 기술이 사용됩니다. 이를 대체불가토큰Non-Fungible Token, 영어 약자로 NFT라고 부릅니다.

누군가 디지털로 그림을 하나 그렸다고 가정해 보죠. 처음 만들어진 그림에 고유번호가 새겨진 증명서를 하나 부여합니다. 토큰token이라 불리는 이 증명서는 블록체인 기술을 사용하였기 때문에 위조할 수 없습니다. 이처럼 디지털 데이터에 부여되는, 위조할 수 없는 증명서가 바로 대체불가토큰입니다.

대체불가토큰은 암호화폐에서 사용하는 블록체인 기술과 무엇이 다를까요? 암호화폐에서 내가 가진 1비트코인과 다른 사람이 가진 1비트코인은 같습니다. 기존의 블록체인 기술은 내가 1비트코인을 가졌다는 사실을 증명할 뿐입니다. 내가 가진 비트코인이 언제 만들어졌는지, 누구로부터 받은 것인지는 알 수 없죠. 대체불가토큰은 디지털 그림이 언제 만들어진 것인지, 현재 누구의 소유인지를 증명합니다. 나의 비트코인은 다른 사람의 비트코인으로 대체할 수 있습니다. 그러나 디지털 그림은 원본과 복사본의 값어치가 다르기 때문에 대체할 수 없습니다. 그래서 대체불가토큰이라고 부릅니다.

CryptoKitties 홈페이지

대체불가토큰을 정확히 이해하기 위하여 최초의 NFT 사이트인 CryptoKitties[4]를 보죠. 이 사이트에서는 NFT를 가진 고양이를 분양합니다. 고양이를 어떻게 꾸미고 키웠는가에 따라 가격이 천차만별입니다. 가장 비싼 고양이는 1억 원이 넘습니다. 이곳에서 돈을 주고 22번 고양이를 분양받았습니다. 22번 고양이를 열심히 키워 비싼 값에 팔려고 한다고 가정해 보죠. 해당 고양이 사진이 원래의 22번 사진인지 아니면 복사한 가짜인지를 증명해 주는 것이 대체불가토큰입니다. 다른 사람이 해당 고양이 사진을 아무리 많이 복사해간다고 할지라도 대체불가토큰이 나에게 있는 한, 22번 고양이는 나만 거래할 수 있는 것입니다.

이와 같이 대체불가토큰은 디지털 음악, 그림, 창작물 등에 부여되며 거래가 활발하게 이루어지고 있습니다. 또한 메타버스 속 부동산

---

4   참고로 현재는 국내에서 차단된 사이트이다.

과 같은 자산거래에 대체불가토큰이 사용되며, 게임의 아이템 거래에도 사용됩니다. [5]

권력 이동

1990년대, 인터넷이 발달되기 전에는 동네마다 레코드 가게가 있었고, 사람들은 레코드판, 음악 CD, 카세트테이프를 통해 음악을 즐겼습니다. 길거리에는 불법으로 녹음된 음악 카세트테이프를 파는 노점상들이 즐비하였습니다. 그들이 거리에서 틀어 주는 노래가 그 때의 최고의 히트곡이었는데 당시에는 '길보드'라 불렀습니다. 미국 빌보드 차트를 따서 길에서 히트한 노래라는 의미입니다.

김건모 3집 [6]

한국 기네스북에 등재된 최단기간 음반판매 기록은 〈잘못된 만남〉

---

5   현실 세계의 저작권과 사이버의 대체불가토큰의 효력은 매우 다르다. 저작권은 국가로부터 권리를 보호받는데 비하여, 대체불가토큰은 참여자 사이의 약속일 뿐이다. 대체불가토큰 발행자가 하나의 저작물에 대하여 서로 다른 종류의 대체불가토큰을 생성하여 판매한다고 해도 이를 막을 방법이 없다.

6   출처: https://music.bugs.co.kr/album/3707?wl_ref=list_tr_07_tr

이 수록된 김건모 3집으로 3개월 만에 250만 장이 판매되었습니다. 이때가 음반 제작사의 황금기라 할 수 있습니다. 앨범 하나가 100만 장씩 팔리는 일도 빈번했습니다. 당시 음악 CD 한 장의 가격이 1만 5천 원을 넘었습니다. 지금부터 10여 년 전의 물가를 생각해 보면 매우 비싼 금액입니다. 좋아하는 곡을 듣기 위해서는 1만 5천 원을 지불하여 앨범을 구매해야만 했습니다.

인터넷의 발달과 MP3 공유 사이트가 생겨나면서 음반 판매량은 급격히 떨어졌습니다. 이때 음반 제작사들은 값싸게 음악을 들을 수 있는 방법을 찾았어야 했습니다만, MP3 공유 사이트를 검찰에 고발하는 일에만 집중하고 있었습니다. 반대로 멜론이나 벅스와 같은 콘텐츠 유통사들은 한 곡당 500원만 내면 원하는 곡을 다운로드할 수 있는 서비스를 개발하였습니다. 당시의 음반 제작사들은 거의 다 자취를 감추었고, 현재 멜론이나 벅스는 음악 유통 사이트로서 입지를 굳혔습니다. 멜론이나 벅스와 같은 음악 유통 서비스 사업을 처음으로 성공시킨 사람은 누구일까요? 바로 스티브 잡스입니다. 개인용 컴퓨터, 픽사, 아이팟, 스마트폰뿐 아니라 음악 유통의 개념을 바꾼 사람이 스티브 잡스입니다.

스티브 잡스는 아이팟을 출시하면서 동시에 아이튠즈라는 음악 유통 플랫폼을 만들었습니다. 아이튠즈가 만들어진 초기에는 음반 제작사들이 불법복제로 인하여 자신의 이익이 훼손될 것을 우려하여 음악 공급을 꺼렸습니다. 스티브 잡스는 애플 제품에서 사용자가 직접 음악을 넣거나 다른 곳으로 이동시킬 수 없게 만듦으로써 불법복제 문제를 해결하였습니다. 또한 대량으로 보급된 아이팟이 새로운 음악 유통 채널이 되어 음반 유통에 변화를 가져올 것이라고 설득하였습니다. 그의 예상은 적중했습니다. 사용자들은 아이팟뿐 아니라 아이튠즈에 열광하였고, 음반 유통사들은 아이튠즈에 음악을 공급하기 시작하였습니다.

아이튠즈 작동 화면 [7]

하드웨어뿐 아니라 콘텐츠 유통까지 내다보는 스티브 잡스의 천재성은 경이롭습니다. 스티브 잡스는 자신이 만들어 놓은 IT 생태계가 무너지지 않도록 애플 제품에 저장된 음악이나 동영상을 다른 곳으로 움직이지 못하게 막아 놓았습니다. 애플은 음악이나 소프트웨어 제작자를 보호하기 위하여, 사용자가 임의로 기계에 접근하지 못하도록 막아 놓은 것입니다. 그래서 아이폰을 쓰는 사람 중 일부는 운영체제를 변경하여 안드로이드 폰처럼 파일을 맘대로 움직일 수 있도록 변경합니다. 이를 '탈옥'이라고 부릅니다. 아이폰이 막아 놓은 소프트웨어적인 감옥에서 탈출한다는 뜻입니다.

---

7 출처: https://www.researchgate.net/figure/A-finger-is-used-on-the-touch-screen-to-browse-album-covers_fig28_286356256

블록버스터(왼쪽)와 넷플릭스(오른쪽)

　과거 비디오테이프를 대여하여 영화를 보던 시절에 미국에서 가장 큰 비디오 대여점은 블록버스터였습니다. 2000년대 초반의 블록버스터는 9,000여 개의 매장과 4,000만 명이 넘는 회원을 거느린 성공적인 기업이었습니다. 당시 넷플릭스는 비디오테이프를 우편을 통해 대여해 주는 업체였습니다. 회원으로 가입한 후 원하는 비디오를 요청하면 우편으로 배달해 주었습니다. 매장을 운영하지 않았기 때문에 블록버스터보다 훨씬 싼 가격으로 비디오를 빌려 볼 수 있었습니다.

　넷플릭스의 가장 큰 문제는 비디오테이프 전달 방식이었습니다. 비디오테이프를 보내고 받는 요금도 문제지만, 시간도 오래 걸렸습니다. 이러한 문제를 해결하기 위하여 모든 콘텐츠를 디지털로 바꾸어 서버에 보관한 후 사용자의 컴퓨터로 보내는 시스템을 개발하였습니다. 불법적인 다운로드를 막기 위하여 비디오 데이터 전체를 전송하는 것이 아니라 조금씩 데이터를 전송하는 기술을 사용하였습니다. 이것이 바로 비디오 스트리밍 video streaming 기술입니다. 여기서 스트리밍이란 물이 흐르듯 데이터가 흐른다는 의미입니다. 비디오 스트리밍 기술을 이용하여 VOD Video On Demand 서비스를 시작하였습니다. 일반적인 방송은 시간에 맞추어 송출되기 때문에 본방을 사수하려면 시간에 맞추어 TV 앞에 앉아야 합니다. VOD 서비스는 이용자가 원하는 시간에 콘텐츠를 볼 수 있는 장점이 있습니다. 이러한 넷플릭스 전략은 성공하였고, 비디오 대여만을 고집했던 블록버스터는 2014년에 폐업하였습니다.

넷플릭스는 벌어들인 이익금으로 다양한 콘텐츠 제작에 투자하여 넷플릭스만의 고유의 콘텐츠를 제작하게 됩니다. 오징어 게임과 같은 자체 콘텐츠의 성공으로 회원 수는 계속 증가하였습니다. 전 세계 거의 모든 나라에 넷플릭스 콘텐츠를 서비스하고 있습니다. 이렇게 인터넷을 통해 방송용 콘텐츠를 서비스하는 회사를 OTT라고 부릅니다. OTT는 Over-The-Top의 약자로 TV 위에 달린 셋톱박스에 구애받지 않고 콘텐츠를 여러 플랫폼에서 서비스하는 회사를 가리킵니다.

멜론이나 아이튠즈 같은 음악 유통회사와 넷플릭스와 같은 OTT 업체로 인하여 과거 음반 제작사나 영상 콘텐츠 제작사의 권력이 유통회사로 옮겨졌습니다. 시대의 흐름에 발맞추어 빠른 전환을 했던 기업을 살아남고 뒤처진 기업들은 도태된다는 것을 보여줍니다. 그러나 유통업체에 권력이 집중되는 현재 상황이 영원히 지속되지는 않을 것입니다. 블록체인과 대체불가토큰이 활성화되면 디지털 저작자의 권리가 강화되고 현재 유통업체에 몰려 있는 권력이 디지털 콘텐츠 생산자 쪽으로 이동할 가능성도 있습니다.

DAY 4

네트워크와
보안

11장

네트워크

세상의 모든 것은 인터넷으로 연결된다

2022년 세계 최고의 부자는 테슬라의 일론 머스크입니다. 그의 재산은 우리나라 돈으로 약 380조 원입니다.[1] 2022년 한국의 국가예산이 약 600조 정도이니 우리나라 전체 예산의 63%에 해당하는 금액입니다. 일론 머스크가 부를 어떻게 축적하였는지 따라가 보죠.

　우리는 인터넷을 통하여 모든 것이 이루어지는 세상에 살고 있습니다. 인터넷이 처음 보급될 당시에 개인 간의 물건 구매에 어려운점이 있었습니다. 개인간 비대면 거래에서 한쪽이 사기를 치는 경우 이를 해결할 방법이 없었죠. 사이트에서도 물건을 구매하는 것도 마찬가지입니다. 신뢰할 수 없는 사이트에서 싸게 물건을 구매를 했는데 다른 물건이 배달되는 경우에는 환불이 매우 어려웠습니다. 더군다나 사이트가 해외에 있는 경우에는 더욱 막막하죠. 이러한 문제를 해결해 주는 사이트가 생겨났습니다. 바로 페이팔PayPal입니다.

1　2022년 9월 미국 포브스 발표 세계 최고 부자순위를 기준으로 한다.

페이팔

페이팔의 역할은 간단합니다. 구매자와 판매자 사이의 똑똑한 중간자 역할을 해 주는 것입니다. 구매자가 물건을 구매하고 페이팔로 돈을 지급합니다. 판매자는 페이팔이 돈을 받았다는 사실을 확인하고 물건을 보냅니다. 구매자는 물건을 수령하여 확인한 후 지급 결정을 내립니다. 구매자의 확인을 받은 다음에 페이팔은 판매자에게 돈을 지급합니다. 지금은 이러한 중간자적 역할을 11번가, G마켓, 네이버쇼핑이 알아서 해줍니다. 물건을 받은 후 구매 확정을 해야지만 판매자에게 돈이 지급됩니다. 이러한 서비스를 지금부터 20여 년 전인 1999년에 처음 시작한 것이 페이팔입니다. 페이팔의 CEO가 바로 일론 머스크입니다. [2]

일론 머스크는 페이팔을 판 돈으로 다양한 사업을 벌이게 됩니다. 대표적인 사업으로 우주사업체인 스페이스 X Space X가 있습니다. 과거에는 우주선을 쏘아 올리고 사용한 후 폐기했습니다. 일론 머스크는 우주선을 지구로 안전하게 귀환시켜 다시 쏘아 올리면 돈이 되겠다고 생각했습니다. 우주로 무언가를 보내려는 국가나 기업으로부터 돈을 받고 우주로 보내준 뒤 사용했던 우주선을 재활용하는 업체가 스페이스 X입니다. 이런 생각을 실제로 사업으로 연결할 수 있는 일

---

2   2002년 페이팔은 이베이에게 판매되었고 일론 머스크는 약 1,800억 원을 벌게 되어 다른 사업을 위한 종자돈을 마련하게 된다.

론 머스크의 추진력이 놀라울 따름입니다.

일론 머스크와 관련하여 우주선보다 우리에게 친숙한 것이 테슬라_{Tesla}입니다. 전 세계 전기 자동차의 선두주자이며 우리나라 도로에서도 자주 볼 수 있습니다. 테슬라 자동차는 단순히 기존 자동차의 매연 문제를 해결한 수준이 아닙니다. 최신 IT 기술을 집약하여 스스로 움직이는 자율주행 자동차의 시작점입니다.

미래에는 운전자 없는 자율 주행 자동차가 도로 위를 달릴 거라는 것에 의심이 없습니다. 다만 얼마만큼의 시간이 걸릴지가 문제인 거죠. 국토부 자료에 따르면 자율주행 자동차는 5단계로 나뉩니다. [3] 마지막 5단계는 운전자가 없는 완전 자율 주행을 의미합니다. 이러한 완전 자율주행 자동차를 만들기 위하여 많은 IT 관련 기술이 동원됩니다. 잘 알다시피 사물을 인식하는 기술에는 인공지능 알고리즘이 사용됩니다.

레벨	Lv.0	Lv.1	Lv.2	Lv.3	Lv.4	Lv.5
명칭	無 자율주행	운전자 지원	부분 자동화	조건부 자동화	고도 자동화	완전 자동화
운전 주시	항시 필수	항시 필수	항시 필수 (조향 핸들을 상시 잡아야 함)	시스템 요청 시 (조향 핸들 잡을 필요, 불필요 비상시에만 운전자가 운전)	작동 구간 내 (비상시에도 시스템이 대응)	전 구간 불필요
자동화 구간	–	특정 구간	특정 구간	특정 구간 (예: 고속도로, 자동차 전용도로 등)	특정 구간	전 구간
예시	사각지대 경고	조향 또는 감가속	조향 및 감가속 동시 작동	고속도로 혼잡 구간 주행지원시스템	지역(Local) 무인택시	운전자 없는 완전자율주행

---

3 출처: 대한민국 정책 브리핑(https://www.korea.kr)

우리나라에서도 완전 자율 주행자동차의 전단계인 4단계 자율주행 시범 서비스가 개시되었습니다. 4단계 자율 주행은 특정한 구간에서만 완전한 자율 주행이 가능한 단계를 의미합니다. 2022년 11월 25일부터 종로구 청계천에서 자율주행버스 시범운행을 시작했습니다. 청계광장의 자율 주행버스는 운전자 없이 한정된 구간을 자율주행합니다.

서울 청계천에서 운행 중인 자율주행 자동차[4]

　　인공지능 기술만으로 완전한 자율주행이 가능할까요? 차선을 따라 움직이고 물체가 튀어나오는 경우 정차하는 것은 센서와 인공지능 알고리즘이 해결할 수 있습니다. 그러나 악천후에도 신호등을 인식하는 문제나 일반 자동차가 무작정 충돌하는 문제를 해결하는 데는 한계가 있습니다. 완전 자율주행이 되기 위해서는 차량과 차량,

---

4　출처: https://www.korea.kr/news/reporterView.do?newsId=148908836&pWise=sub&pWiseSub=B12

차량과 신호등이 통신을 해야 합니다. 한마디로 모든 사물이 통신하여 정보를 주고받을 수 있어야만 완전 자율 주행이 가능해집니다. 이렇게 자동차나 신호등과 같은 사물들이 인터넷에 연결되는 것을 사물 인터넷, 영어로 IoT Internet of Things라고 부릅니다.

우리는 세상의 모든 것이 인터넷으로 연결되는 사물 인터넷 세상에 살고 있습니다. 사물 인터넷과 관련하여 가장 흔하게 볼 수 있는 것이 버스 정거장과 지하철역 전광판입니다. 버스가 언제 도착하는지, 지하철이 어느 역을 출발하여 얼마큼 왔는지 보여 줍니다. 버스(사물)나 지하철(사물)을 인터넷에 연결하여 새로운 서비스를 만든 것입니다.

사물 인터넷 기술을 이용한 지하철역 전광판

사물 인터넷 기술을 쇼핑에도 이용하고 있는데, 대표적인 사례가 무인 슈퍼마켓인 아마존 고Amazon Go입니다. 한국 대형 슈퍼마켓에도 자가 계산대가 있는 무인 섬포가 있으나 아마존 고는 차원이 다릅니다. 아마존 고는 신용카드를 등록한 사용자가 물건을 들고 나오면 자동으로 값을 계산하는 시스템입니다. 사물 인식 기술과 가상 장바구니라는 개념을 도입하여 별도의 계산 과정 없이도 쇼핑이 가능합니다.

아마존 고

최첨단 기술이 사용되었다고 해서 모든 사업이 성공하는 것은 아닙니다. 무인 점포 이상의 것을 보여주지 못한 아마존 고는 2023년 3월에 폐점되었습니다.[5]

모든 자동차가 서로 통신할 수 있어야 완전한 자율 주행이 가능하다고 이야기했습니다. 마찬가지로 모든 드론이 서로 통신을 하게 되면 하늘에 다양한 그림을 그릴 수 있습니다. 실제로 매주 토요일 밤 부산의 광안리 M 드론 라이트쇼에서는 드론이 선보이는 화려한 공연을 볼 수 있습니다.[6]

드론을 사물 인터넷에 연결하여 배달에 사용하려는 연구도 진행 중입니다. 미국 아마존은 주소만 입력하면 원하는 곳까지 드론으로

---

5 출처: 한국일보 기사 〈"한 번의 신기함이 전부"… 아마존 무인편의점 '극찬' 5년 만에 씁쓸한 퇴장〉(https://hankookilbo.com/News/Read/A2023032608400000868)

6 http://gwangallimdrone.co.kr에서 부산 드론쇼 일정과 지난 드론쇼 영상을 볼 수 있다.

배달하는 택배 서비스인 프라임에어 Prime Air 시연에 성공했습니다. 우리나라에서도 도미노피자가 일부 지역에서 드론을 이용한 배달 서비스를 진행하고 있습니다.

아마존 프라임에어와 도미노피자의 배달 서비스

사물 인터넷이 발달하고 차들이 무선 인터넷에 연결되면서 차량들이나 스마트폰과 같은 무선기기의 소프트웨어 업그레이드나 설정 변경 등을 무선으로 배포하는 기술이 사용되고 있습니다. 이를 OTA Over-The-Air Programming라고 부릅니다. 예를 들어 안드로이드나 아이오에스를 업그레이드하거나 테슬라 전기 자동차, 현대의 아이오닉 5와 같은 최신 자동차들의 소프트웨어 자동 업데이트도 OTA를 통해 이루어집니다.

통신을 위한 약속, 프로토콜

미국의 한 여인이 초콜릿 케이크를 만들려고 했습니다. 그런데 이스트를 넣지 않아 케이크가 부풀어 오르지 않았죠. 하지만 맛을 보니 초콜릿 풍미가 가득한, 진득한 빵이 만들어졌습니다. 이 여인은 이스트를 넣지 않은 이 초콜릿 케이크를 '초콜릿 브라우니'라는 이름으로 판매를 시작하여 대히트를 치게 됩니다. IT 세상에서도 뜻하지 않게 성공하는 일이 많이 발생합니다. 대표적인 경우가 인터넷입니다.

인터넷이 무엇인지를 알려면 통신을 먼저 이해해야 합니다. 통신communication이란 한쪽의 정보를 다른 쪽으로 전달하는 것입니다. 전기가 없던 시절로 돌아가 보죠. 인간의 대표적인 통신 방식은 대화입니다. 그러나 대화는 가까운 거리에서만 할 수 있기에 먼 거리에 있는 사람에게 정보를 전달하려면 다른 방법을 사용해야 했습니다. 사람을 보내거나 말 같은 이동 수단을 사용하는 우편 시스템이 생겨났습니다. 그러나 우편 시스템은 정보 전달에 많은 시간이 소요되는 단점이 있습니다. 그래서 위험 신호나 조난 구조 요청 등 급한 메시지를 먼 거리에 전송할 때는 연기를 이용한 봉화 시스템이 사용되었습니다.

전기를 개발하면서 먼 거리에 있는 사람과 의사소통하는 방법은 좀 더 빠르고 쉬워졌습니다. 최초로 전기를 이용한 통신 수단은 모스 부호Morse Code입니다. 모스 부호는 연결된 전기선에 미리 정해 놓은 짧은 음과 긴 음을 조합하여 신호를 보내는 방식입니다. 예를 들어 SOS 신호를 보낼 때는 '· · · ––– · · ·'를 전송하면 됩니다.

모스 부호와 전신기

모스 부호는 통신하려는 대상끼리 선으로 연결하였습니다. 이렇게 연결된 선을 사용하여 부호가 아닌 사람의 음성을 전달하는데, 이것이 바로 전화기 telephone 입니다. 여기서 'tele'는 먼 거리를 가리키며, 'phone'은 음성을 가리킵니다. 따라서 전화기는 전기를 이용하여 먼 거리까지 사람의 음성을 전달하는 통신기기입니다.

초기 전화기

선을 연결하는 것은 비용도 많이 들고 통신기기를 이동하기도 불가능합니다. 무선통신은 이러한 문제점을 개선하려고 개발되었습니다. 무선통신의 시초는 무전기로, 최초 무전기는 워키토키 walkie-talkie 라고 불렀습니다. 걸으면서 말을 전할 수 있기 때문에 붙여진 이름입니다.[7]

무선통신 시스템 중 일반인에게 친숙한 것은 방송입니다. 초기에

---

7 무전기는 양쪽 방향으로 통신이 가능하기는 하지만, 일정 시점에서는 한 방향으로만 통신이 가능한 통신 시스템이다. 그래서 보통 무전기로 대화할 때는 자신의 이야기가 끝나면 끝에 '오버'라는 메시지를 전달한다.

는 라디오 방송기기가 개발되었습니다. 네모난 상자에서 사람 목소리나 음악이 흘러나오는 것을 들으면서 많은 사람이 놀랐습니다. 이후 사람 목소리뿐 아니라 동영상을 전송할 수 있는 흑백 TV를 개발했고, 흑백 TV는 컬러 TV로 발전했습니다. TV는 Television의 약자로 먼 거리tele까지 영상을 보여주는vision 기기라는 의미입니다.[8]

구형 워키토키, 라디오, TV

네트워크network는 그물을 의미하는 net과 작업을 의미하는 work의 합성어입니다. 여러 사람이나 기기를 연결한 것이 네트워크입니다. 소셜 네트워크 서비스SNS: Social Network Service는 사람들이 통신을 이용하여 사회 관계를 형성하게 해 주는 서비스입니다. 컴퓨터 네트워크는 컴퓨터를 사용하여 데이터를 전달하는 통신망을 가리킵니다.[9] 컴퓨터 네트워크가 생기기 전에는 한쪽 컴퓨터에서 다른 쪽 컴퓨터

---

8 방송은 방송국에서 라디오나 TV로 전송되는 단방향 통신 시스템이다. 방송국은 불특정 다수에게 전파를 보내기 때문에 방송을 브로드캐스팅(broadcasting)이라고 한다. 보통 방송국 이름에는 B가 들어가는데, 여기서 B는 broadcasting(방송)의 약어다.

9 인터폰은 두 사람만 연결 가능하기 때문에 통신 장치이기는 하지만 네트워크는 아니다. 그러나 전화기는 여러 사람끼리 통신이 가능하기 때문에 '전화기 네트워크' 혹은 '전화망'이라 한다.

로 데이터를 옮기는 것이 불편했습니다. 다른 쪽에 있는 컴퓨터로 데이터를 옮길 때는 테이프 드라이브 같은 저장장치를 사용했는데, 시간도 오래 걸리고 절차도 불편했습니다. 이러한 불편함을 없애려고 컴퓨터를 전선으로 연결하고, 이 선에 데이터를 보냄으로써 최초 컴퓨터 네트워크가 탄생했습니다.

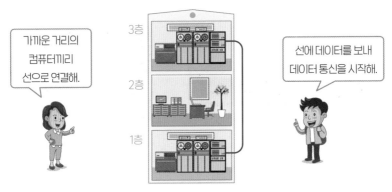

다른 층에 있는 컴퓨터끼리 연결한 네트워크

컴퓨터를 선으로 연결하는 것만으로는 통신이 되지 않습니다. 통신을 하려면 서로 간에 약속을 해야 합니다. 예를 들어 얼마큼 빠른 속도로 데이터를 보낼지, 어떤 신호를 보내 데이터 전송을 끝낼지 서로 정해야 합니다. 종이컵 전화를 생각해 보죠, 두 사람 사이를 선으로 연결했다고 해서 통신을 할 수 있는 것은 아닙니다. 한쪽이 말을 할 때 다른 한쪽은 컵을 귀에 대고 있어야만 통신이 가능합니다. 둘 다 컵을 입에 대거나 귀에 대면 통신을 할 수 없습니다. 이렇듯 통신을 위해서는 서로 간에 약속이 필요합니다. 통신을 위한 약속을 **프로토콜** protocol이라고 부릅니다.

프로토콜을 안 지키면 통신이 되지 않습니다

네트워크와 관련된 단어들을 떠올려 보죠. 대부분 단어가 P로 끝납니다. 예를 들어 웹 페이지를 볼 때 사용하는 HTTP Hyper Text Transmission Protocol, 인터넷을 이용할 때 사용하는 TCP Transmission Control Protocol와 IP Internet Protocol도 P로 끝납니다. 여기서 P는 프로토콜을 의미합니다. 그러므로 네트워크를 이해한다는 것은 어떻게 기기들을 연결할지와 더불어 여러 종류의 프로토콜을 이해하는 것입니다.

인터넷의 탄생

초기의 컴퓨터 네트워크는 가까운 거리를 연결하는 수준이었습니다. 한 건물 내에 있는 컴퓨터라든가 기껏해야 수 킬로미터 정도 떨어진 컴퓨터를 연결했습니다. 이러한 네트워크를 가까운 거리에 연결된 네트워크라고 하여 Local Area Network, 즉 LAN이라고 합니다. LAN선, LAN카드, 무선LAN 같이 LAN이라는 단어를 들어 보았을 겁니다. LAN은 수 미터에서 수 킬로미터 내에 연결되는 단거리 네트워크라는 의미입니다. [10]

---

10 반대로 국가 전체를 연결하거나 국가 간에 연결되는 네트워크는 Wide Area Network, 즉 WAN이라고 한다. WAN은 수백 km 이상을 연결하는 장거리 네트워크라는 의미다.

LAN은 컴퓨터 간에 데이터를 편리하게 전송할 수 있게 했기에 급속도로 보급되었습니다. 그러나 저마다 규격이 제각각이고 프로토콜 간에 호환성이 없었습니다. 표준 없이 여러 회사에서 각자 규격을 가진 LAN들을 출시한 것입니다. 그래서 다른 종류의 LAN에 있는 컴퓨터로 데이터를 보내기가 불편했습니다. 노트북 어댑터가 그렇습니다. 삼성 노트북 어댑터는 LG 노트북 어댑터와 맞지 않기 때문에 급할 때 빌려 쓸 수가 없어 불편했습니다.

미국 국방부에서도 같은 문제로 골머리를 앓았습니다. 국방의 생명은 일관된 정보 전달이지만 육군, 해군, 공군이 서로 다른 종류의 LAN을 구축하면서 서로 호환이 되지 않아 효율적으로 명령을 전달하기 어려웠습니다.

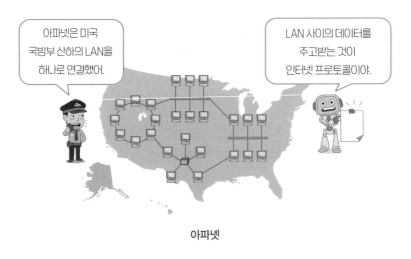

아파넷

1960년대 미국 국방부에서는 서로 호환되지 않는 LAN을 묶어 하나의 네트워크로 만드는 연구를 진행하였는데, 그 결과로 1969년에 만들어진 것이 아파넷ARPANET입니다. 아파넷이 지구 곳곳으로 퍼져 나가 현재의 **인터넷**Internet이 됩니다. 군사적으로 만든 물건이 이제는 전 세계를 흔든 정보 혁명의 기초가 되었습니다.

국방부에서 만든 인터넷을 왜 전 세계 사람들이 사용하게 된 것일까요? 국방부는 아파넷을 각 대학과 연구기관도 사용할 수 있도록 해주고, 이후에는 민간에 개방합니다. 당시에 주로 이용하던 서비스들은 주로 문자(텍스트) 위주였습니다. 채팅을 하거나 이메일을 주고받거나 게시판을 이용할 때 사용하는 모든 명령을 문자만 사용해야 했습니다.

하이텔 화면[11]

일반인도 하이텔이나 천리안과 같은 인터넷 접속 프로그램을 사용할 때 문자로 명령을 내려야 했습니다. 위의 그림과 같이 상위 메뉴로 올라갈 때는 P, 초기 화면은 T, 다음 메뉴는 N을 눌러야 했습니다. 이처럼 키보드만 사용하여 컴퓨터에 명령을 내리는 것을 문자 기반 사용자 인터페이스라고 부릅니다. 문자 기반 인터페이스 이후에

---

11 출처: https://it.donga.com/27857

는 마우스와 그래픽 사용자 인터페이스 GUI; Graphical User Interface가 개발되었습니다. 지금과 같이 마우스를 이용하여 컴퓨터를 사용할 수 있게 된 것입니다. 그래픽 사용자 인터페이스가 개발되었어도 일반인은 연구용으로 만들어진 인터넷에 별 관심이 없었습니다.

1993년 미국에서 모자이크 Mosaic가 개발됩니다. 모자이크는 한 화면에 문자와 그림을 한꺼번에 표현할 수 있는 프로그램입니다. 문자뿐 아니라 그림이나 사진을 같이 사용할 수 있게 됨으로써 자료의 표현이 확대되었습니다. 문자 기반 사용자 인터페이스가 글로만 이루어진 책이라면 웹 브라우저는 그림책과 같습니다. 앞의 하이텔 화면과 비교해 보면 차이를 알 수 있을 겁니다.

모자이크 화면 [12]

모자이크는 기존의 텍스트에서 벗어나 화면에 그래픽을 사용할 수 있게 해줬으며, 특정 위치에 링크를 걸어 다른 화면과 연결할 수 있는 기능을 제공했습니다. 즉, 문장 중간에 있는 단어를 클릭하면 그 단어와 연관된 페이지로 이동하게 되는 구조인데, 이를 하이퍼텍스

---

12 출처: https://artsandculture.google.com/asset/ncsa-mosaic/mgETYpa6ZDBf4Q

트_{Hypertext}라 부릅니다. 모자이크는 현재 사용 중인 **웹 브라우저**_{Web Browser}의 시초입니다. [13] 모자이크 이후 인터넷 익스플로러, 구글 크롬, 마이크로소프트 엣지와 같은 웹 브라우저들이 속속 개발됩니다.

웹 브라우저를 사용하여 방문하는 웹_{WWW; World Wide Web}은 문자, 영상, 음성 등의 정보를 한꺼번에 보여주는 멀티미디어 서비스를 제공합니다. 웹을 통해 인터넷을 사용할 수 있게 되면서 웹 사이트 하나만 잘 만들어 놓으면 전 세계 어디든지 제품, 작품, 취미 활동 등을 공유할 수 있게 되었습니다. 각 기업은 자신이 만든 제품을 소개하는 웹 페이지를 만들었고 개인도 싸이월드와 같은 개인 페이지를 만들었습니다. 웹을 이용하는 사용자가 늘어나자 쇼핑몰과 같은 거래 사이트가 생겨났습니다. 웹의 폭발적인 성장으로 인하여 2000년 초반에 전 세계적으로 3차 산업혁명이 일어나게 됩니다.

인터넷과 웹을 헷갈렸던 분들도 차이점을 이해했을 겁니다. 인터넷을 기술적으로 정의하면 네트워크를 하나로 묶는 기술입니다. 웹 시스템은 인터넷 위에 만들어진 서비스 플랫폼입니다.

TCP와 IP는 왜 같이 붙어 있을까?

인터넷을 만들어질 당시로 돌아가 보죠. 서로 다른 종류의 LAN은 전선으로 연결하면 됩니다. 선으로 연결만 하면 인터넷이 될까요? 앞서

---

13 모자이크를 개발한 사람들이 회사를 만들어 새로운 웹 브라우저를 출시하였는데 이것이 넷스케이프(Netscape)이다. 넷스케이프를 보고 마이크로소프트가 따라 만든 웹 브라우저가 인터넷 익스플로러이며 현재는 마이크로소프트 엣지로 대체되었다. 현재 구글 크롬이 가장 많이 사용되는 웹 브라우저이다.

설명했듯이 컴퓨터 네트워크를 구성하기 위해서는 프로토콜이 필요합니다. 아파넷을 위해 처음 만들어진 프로토콜은 IP Internet Protocol입니다. IP는 네트워크와 네트워크inter network 사이에서 데이터를 주고받는 규칙을 정한 프로토콜입니다. 그래서 인터넷 프로토콜IP이라고 부릅니다.

세상에는 수만 가지의 LAN이 섞여 있습니다. 어떤 LAN은 오래되어 느리고 자주 고장이 나기도 하며, 어떤 LAN은 규격이 독특한 데이터만 전송하기도 합니다. IP를 작동시켜 보니, 목적지까지 데이터를 보내는 데는 성공했으나 데이터가 사라지거나, 순서가 뒤바뀌거나, 일부가 훼손되는 일이 발생했습니다. 따라서 데이터가 원상태로 도착하는지를 감시하는 프로토콜이 필요했습니다. 그래서 만들어진 프로토콜이 전송제어 프로토콜인 TCP입니다.

TCP Transmission Control Protocol는 데이터 전송 오류를 바로잡고, 데이터를 최종 목적지 프로그램에 전달할 수 있도록 창구 역할을 담당하는 프로토콜입니다. TCP는 IP를 통하여 데이터를 전송할 때 오류가 있는지 없는지를 확인하기 위해 만들어진 프로토콜입니다. 그래서 인터넷을 할 때는 TCP/IP를 같이 사용해야 합니다.

TCP/IP로 데이터를 전송하는 과정은 택배 배송과 닮았습니다. TCP는 택배 접수처, IP는 배송 트럭이라고 생각하면 됩니다. IP는 여러 LAN을 통과하여 배송지까지 데이터를 배달하는 일만으로도 빠듯합니다. TCP는 이러한 IP를 도와 데이터를 접수하고, 빠진 데이터는 없는지 확인합니다.

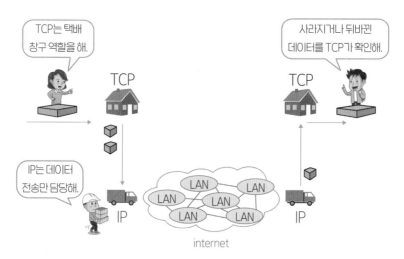

택배를 예시로 든 TCP/IP로 데이터를 전송하는 과정

  인터넷에서 데이터 전송 책임은 TCP에 있습니다. TCP는 데이터
를 전송하기 적당한 크기로 잘라 번호표를 붙인 후 IP에 전달합니다.
IP는 여러 개의 LAN을 지나서 목적지까지 데이터를 전달만 합니다.
이렇게 전달된 데이터는 수신 측(받는 쪽) TCP에 전달됩니다. 수신
측 TCP는 데이터가 순서대로 도착했는지, 훼손된 것은 없는지 확인
합니다. 문제가 있다면 송신 측(보낸 쪽) TCP에 연락하여 다시 보내
달라고 합니다. 이렇게 재전송하여 모든 데이터가 이상 없이 도착한
것을 확인하면, 송신 측 TCP는 최종 데이터를 목적지 프로그램에 전
달합니다. 인터넷에서는 TCP/IP를 사용하여 이러한 일들을 계속 반
복합니다.

경찰청 홈페이지가 나타나는 이유

물건을 배송하기 위해서는 목적지의 주소가 있어야 합니다. 인터넷에서 사용하는 주소를 IP 주소라고 부릅니다.[14] 4바이트로 이루어진 IP 주소와 같이 비슷한 숫자로 이루어진 값들을 사람들이 잘 기억하지 못합니다. 예를 들어 여러분은 몇 명의 전화번호를 외우고 있습니까? 많아봐야 수십 명일 것입니다. 자주 전화 거는 사람들의 전화번호도 기억하기 어려운데, 방문하는 모든 사이트의 IP 주소로 외우는 것은 매우 힘든 일입니다.

도메인 이름의 필요성

이러한 문제를 해결하는 방법은 간단합니다. 스마트폰의 전화번호부에는 외우기 쉬운 이름이나 별명과 함께 전화번호를 저장합니다. 전화를 걸 때에는 전화번호 대신 이름을 검색하여 사용합니다. IP 주

---

14 IP 주소의 버전이 여러 개가 있는데 일반적으로 사용되는 IP 주소는 버전 4(IPv4)이며 4바이트로 주소가 구성된다. 사물 인터넷이 발달하면서 IP 주소가 급격히 고갈되었다. 그래서 새로 만들어진 IP 주소체계가 IP 버전 6(IPv6)이다.

소도 마찬가지입니다. IP 주소 옆에 기억하기 쉬운 이름을 붙여 주면 복잡한 숫자들을 외우지 않아도 됩니다. 이렇게 인터넷에 있는 IP 주소에 이름을 부여한 것이 **도메인 이름**domain name입니다.

naver.com, google.com, lg.co.kr과 같은 이름이 도메인 이름입니다. 많은 회사가 외우기 쉬운 제품명을 만들기 위해 노력하듯이, 쉬운 도메인 이름을 만들기 위해 노력합니다. 도메인 이름에는 규칙이 있습니다. 대체로 '이름.종류.국가' 순입니다. 한국은 kr, 일본은 jp, 영국은 uk, 프랑스는 fr입니다. 인터넷을 미국에서 만들었기 때문에 미국은 국가명을 생략합니다.

도메인 이름의 규칙

도메인 이름 중간에는 기관의 종류를 나타냅니다. 회사는 co, 학교는 ac, 비영리기관은 or, 연구소는 re, 국가기관은 go입니다. 미국의 경우 국가명을 안 쓰기 때문에 기관의 종류가 도메인 이름의 맨 마지막에 위치합니다. 그래서 기관을 3글자로 표시합니다. 회사는 com, 비영리기관은 org, 국가기관은 gov입니다. 도메인 규칙인 '이름.종류.국가'에 어긋나는 경우도 많이 있습니다. hs.ac.kr은 한신대학교이지만, 일본 와세다대학은 waseda.jp입니다. 또한 LG는

lg.co.kr이지만 삼성은 samsung.com입니다.

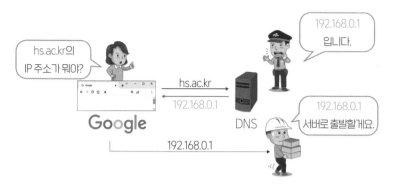

도메인을 통한 웹사이트 접속

인터넷에서는 IP 주소를 알아야지만 서버에 접속할 수 있습니다. 도메인 이름은 사람들이 주소를 못 외우기 때문에 만들어 놓은 것이죠. 따라서 웹 브라우저에 naver.com이라 입력하면 이를 네이버의 서버 IP 주소로 바꿔야만 합니다. 도메인 이름을 IP 주소로 바꿔 주는 서비스를 DNS Domain Name System라 부릅니다. DNS는 도메인 이름과 IP 주소를 같이 가지고 있다가 도메인 이름이 들어오면 해당 IP 주소를 변환해 줍니다.

경찰청 경고 홈페이지(warning.or.kr)

인터넷을 서핑하다 보면 경찰청 경고 홈페이지[15]가 뜨는 것을 본 적이 있을 겁니다. 경찰청 경고 홈페이지는 마약을 비롯한 불법 사이트에 방문하려고 시도하는 경우 이를 경고해 주는 사이트입니다. DNS의 작동 원리를 이해했다면 어떻게 경찰청 경고 홈페이지가 뜨는지도 쉽게 알 수 있을 것입니다.

DNS와 경찰청 경고 홈페이지

경찰청 경고 사이트의 IP 주소는 121.189.57.82입니다. 경찰청에서 불법 사이트를 발견하면, 해당 도메인 이름의 IP 주소를 경찰청 경고 사이트 주소인 121.189.57.82로 바꿔버립니다. 다시 말해 불법 사이트 xx.com과 yy.net은 원래의 IP 주소 대신에 warning.or.kr의 IP 주소인 121.189.57.82로 변경됩니다. 사용자가 불법 사이트를 방문하면 DNS는 해당 사이트 주소 대신 경찰청 경고 홈페이지 사이트 주소를 알려주게 됩니다.

---

15 http://warning.or.kr

휴대 전화 서비스

인터넷이 보급되기 이전에 가장 대중적인 통신 수단은 전화기였습니다. 모든 전화기는 유선으로 연결해야만 했기 때문에 전화를 걸거나 받으려면 전화기를 설치한 곳으로 가야만 했습니다. 무선통신 시스템의 등장으로 이러한 전화기의 단점을 해결할 수 있었습니다. 선을 직접 연결하지 않아도 전화를 설치할 수 있고, 이동 중에도 연락을 할 수 있었습니다. 유선전화기 이후 처음 만든 무선통신 시스템으로 무선호출기, 일명 삐삐가 있습니다. [16]

무선호출기는 14자리의 숫자만 전송할 수 있는 무선통신 장비입니다. 사실, 어떤 용무가 있는지 정확한 내용을 보낼 수는 없어 더 답답했습니다. 제대로 된 무선통신 시스템은 개인 무선 휴대전화 서비스, 일명 휴대전화 서비스이며, 한국에서 1984년부터 시작되었습니다. 처음 서비스된 휴대전화는 사람의 음성을 아날로그 신호로 전달했습니다. 그래서 이 시기의 휴대전화 서비스를 1세대 무선통신망이라고 하며, 흔히 1G Generation 휴대전화 서비스라고 부릅니다.

2세대(2G)가 되면서 아날로그 신호는 디지털 신호로 바뀝니다. 아날로그 무선통신망과 디지털 무선통신망의 차이는 같은 전파영역에서 얼마나 많은 사용자를 수용할 수 있느냐의 차이입니다. 디지털이 아날로그보다는 더 많은 사용자를 수용할 수 있는 기술입니다. 한마디로 같은 크기의 버스에 손님을 더 많이 태울 수 있다는 의미입니다.

---

16 영어로 페이저(pager)라고 하는 무선호출기는 일정 양의 숫자를 전송할 수 있는 단방향 무선호출 시스템이다.

2세대 휴대전화 서비스가 보급된 후 전 세계적으로 인터넷 열풍이 불었습니다. 이에 따라 휴대전화에서 인터넷을 사용할 수 있게 지원하는 무선통신망을 개발했습니다. 기존 전화 기능(음성망)에 데이터 통신(데이터망) 기능을 추가한 것인데, 이것이 3세대(3G) 휴대전화 서비스입니다.

음성 통화 전용 　음성 통화 + 데이터

1G　2G　3G　4G　5G

아날로그　디지털

세대별 휴대전화 서비스

3세대 휴대전화 서비스를 개발하면서 휴대전화에서도 무선 데이터 통신이 가능해졌기 때문에 걸어 다니면서도 인터넷에 접속할 수 있었습니다. 이후 데이터 전송 속도를 높인 4세대 무선통신망이 개발되었습니다.[17] 현재는 초고속 무선통신이 가능한 5세대 무선통신망이 개발되었습니다. 2019년 4월 3일 밤 11시, 우리나라는 세계 최초로 5G 상용화 서비스에 성공했습니다. 5세대 무선통신망은 최대 20Gbps 속도를 낼 것으로 예상되며, 4세대보다 응답 지연 시간

---

17 4G에서는 스마트폰이 보급되면서 사용자의 데이터 사용량은 급격하게 증가하고 음성 통화는 줄어들었다. 이에 따라 기존 3세대 음성망으로도 음성 통화는 충분히 처리할 수 있었기 때문에 음성망은 그대로 두고, 데이터 통신을 고속으로 업그레이드했다. 이때 사용한 기술 이름이 LTE(Long Term Evolution)다. LTE망은 데이터를 최대 1Gbps 속도로 전송할 수 있는 모바일 네트워크다.

을 혁신적으로 낮추었습니다.[18]

무선통신 시스템 살펴보기

전파는 귀중한 국가 자원입니다. 그래서 국가의 허가 없이 마음대로 무선통신 기기를 제작하거나 판매할 수 없습니다. 휴대전화 서비스를 하는 국내 SKT, KT, LG 통신 3사는 국가에서 전파를 경매로 낙찰받아 서비스합니다. 보통 경매 비용이 4,000억에서 1조 원 수준입니다. 따라서 휴대전화 서비스는 국가에 막대한 금액의 돈을 지불하고 사용하는 것입니다.

국가가 전파 전체를 돈을 받고 팔면 중소기업은 무선통신 기기를 제작하여 판매하기가 어렵습니다. 따라서 국가는 자유롭게 통신기기를 제작할 수 있는 영역을 만들어 주었습니다. 이 영역이 2.4GHz와 5GHz입니다. 이 영역을 사용하는 유명한 무선통신의 장비로 WiFi(와이파이)와 블루투스가 있습니다.

위성통신 satellite은 인공위성으로 전파를 쏘고, 이를 지상에 있는 안테나로 받아 통신하는 장비입니다. 요즘에는 위성통신으로 GPS Global Positioning System를 많이 사용합니다. 인공위성이 쏘는 전파를 수신하여 자신의 위치를 찾는 GPS 서비스는 지도 서비스와 맞물려 자동차 내비게이션, 친구 찾기, 커피 주문, 호텔 찾기, 맛집 찾기 등 다양한 서비스에 활용됩니다.

---

18 5G 서비스를 시행한 통신 3사는 약속과 달리 5G 중계기를 설치하지 않고 서비스를 포기하였다. 소비자들을 강제로 5G 서비스를 전환하여 막대한 이익을 남기고도 주파수를 반납한 통신 3사에게 2023년 6월 막대한 과징금을 부과하였다.

GPS를 통한 길찾기(왼쪽)와 가게 찾기(오른쪽)

GPS는 실내나 터널 등에서 수신이 불가능합니다. 따라서 GPS 신호만으로는 위치를 찾기 어려울 때가 있습니다. 요즘은 GPS 신호를 받지 못할 때는 근처에 있는 휴대전화 기지국의 위치 정보를 이용하기도 합니다. GPS 신호가 막히면 휴대전화가 통신하는 기지국 정보를 기준으로 사용자 위치를 추정합니다.

최근 많이 사용되는 무선통신 시스템으로 블루투스와 RFID가 있습니다. LAN은 보통 100m 정도를 커버하는 데 반하여, 블루투스bluetooth는 최대 10m 정도 거리를 커버합니다. 블루투스는 짧은 거리의 기기들을 간단하게 연결하려고 만든 무선통신 시스템입니다.

블루투스와 블루투스 이어폰

컴퓨터 관련 기기가 발달하면서 많은 주변 장치들이 생겨났습니다. 초기에는 모든 주변 장치를 선으로 연결하여 사용하기가 복잡했습니다. 블루투스가 개발되어 주변 장치들의 선을 연결하지 않아도 편리하게 사용할 수 있게 되었습니다. 블루투스를 사용하는 컴퓨터 주변기기로 마우스와 키보드가 있습니다. 스마트폰은 블루투스 스피커나 블루투스 이어폰으로 음악을 들을 수 있게 되었습니다. 블루투스에서 기기를 연결하려면 페어링 paring을 해야 합니다. 페어링은 기기 2개를 하나로(쌍으로) 묶는 단계를 의미합니다. 페어링으로 한 번 연결한 기기는 이후에는 자동으로 연결됩니다.

제품 관리를 위해 바코드 barcode가 사용되었습니다. 바코드는 숫자로 된 코드를 바코드 리더기로 읽어 사용하는 방식입니다. 바코드를 개선하여 코드에 많은 정보를 담을 수 있도록 만든 것이 QR코드 Quick Response Code입니다.

바코드 결제와 QR코드 결제

바코드와 QR코드의 가장 큰 문제는 보안성입니다. 바코드와 QR코드 모두 가지고 있는 정보들을 누구나 볼 수 있고 쉽게 복사가 가능합니다. 따라서 바코드나 QR코드는 상품 분류나 간단한 정보 제공에는 사용할 수 있지만, 신용카드나 출입카드 등에는 사용할 수 없습니다.

보안성 문제를 해결한 것이 RFID Radio Frequency IDentification 입니다. 지금까지 살펴본 모든 무선통신 기기는 배터리나 가정용 전기를 사용해야만 하는 장비들입니다. 배터리를 사용하면 제품 크기를 작게 만들기 어렵고, 배터리를 작게 만들면 자주 교환하거나 충전시켜야 해서 불편합니다. 이러한 기기와 달리 RFID는 자체적으로 배터리나 전기를 가지지 않는 통신 시스템입니다. [19]

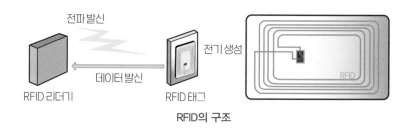

RFID의 구조

RFID는 데이터를 가진 RFID 태그와 RFID 리더기로 구성됩니다. 태그 내 작은 칩 chip에 암호화된 정보가 담겨 있습니다. RFID 리더기가 전파를 쏘면 태그가 받은 전파를 이용하여 전기로 만들어 이것으로 데이터를 전송하는 통신 시스템입니다.

RFID 태그를 보면 데이터를 보관하고 있는 칩 주위로 가늘고 기다란 안테나가 달려 있습니다. 이 안테나가 전파를 수신하면 전파가 전기로 변환됩니다. 전파를 전기로 바꾸는 것을 자기 유도 방식이라고 하는데, 주위에서 흔히 볼 수 있는 방식입니다. 휴대전화의 무선 충전 시스템도 자기 유도 방식으로 전파를 전송하여 충전합니다. 또 전동칫솔도 자기 유도 방식의 무선 충전을 사용하기 때문에 충전기에 올려놓기만 해도 충전이 됩니다. 도로에 자기유도 무선 충전기를

---

19 RFID는 라디오 주파수 대역(Radio Frequency)을 사용하여 사물을 구분(Identification)하기 위해 만든 통신장치이다.

깔아서 전기 자동차가 도로를 달리는 중에도 충전이 되는 연구가 진행 중입니다.

무선 충전

RFID는 전파를 이용하기 때문에 많은 양의 데이터를 쉽게 읽을 수 있어 다양한 곳에서 활용할 수 있습니다. 예를 들어 도서관 책 반납 시스템이나 아파트 단지의 주차 관리 시스템에 RFID를 활용합니다. 하이패스인 고속도로 통행카드도 RFID 태그를 사용합니다. 위쪽 리더기가 전파를 쏘면 태그가 순간적으로 반응하여 데이터를 보냅니다.[20]

또한 RFID 태그는 데이터를 암호화할 수 있어 도난이나 사용자

---

20 원래 RFID는 10cm 정도 거리에서 작동하지만, 하이패스는 단말기가 RFID 신호를 증폭시켜 보내기 때문에 자동차가 100km로 움직이는 순간에도 데이터 전송이 가능하다.

인증 시스템에 사용합니다. 대형 회사들의 입출입 카드나 신용카드는 물론, 슈퍼마켓이나 대형 상점의 도난 방지 시스템에도 RFID가 사용됩니다. 슈퍼마켓이나 대형 상점의 입구에서 아래 그림과 같은 판을 본 적이 있을 것입니다. 이 판이 RFID 리더기입니다. 소비자가 물건을 계산하지 않고 가지고 나가면 RFID를 읽어 경고합니다.

옷에 달린 RFID

RFID 태그는 전파를 수신해야만 전기를 만들어 데이터를 송신할 수 있기 때문에 완벽하게 동작하지 못할 수도 있습니다. 예를 들어 은박지로 태그를 감싸면 은박지가 전파를 차단하여 태그에 있는 데이터를 읽을 수 없습니다. 또 RFID 리더기와 태그가 정면으로 마주 보아야 전파가 전기를 생성할 수 있습니다. 태그를 리더기와 마주 보지 않게 하면 태그 데이터를 읽을 수 없습니다. 또 책이 3권 이상 쌓여 있으면 맨 아래쪽 책의 RFID는 읽을 수 없습니다. 너무 두꺼운 책은 전파가 지나가기 어렵기 때문입니다.

12장

해킹과 보안

해킹과 정보보안

2022년 2월, 한 해커가 세계 최대 그래픽 카드 회사 엔비디아의 소
스 코드를 훔쳐 간 사건이 발생했습니다. [1] 이렇게 거대한 기업조차
해킹을 당합니다. 해킹으로부터 우리의 자원을 지키려면 해킹이 무
엇이며 어떤 방법으로 이루어지는지를 파악해야 합니다.

엔비디아 해킹 신문기사

---

1 출처: https://thehackernews.com/2022/03/hackers-who-broke-into-nvidias-network.
   html

보안이란 다양한 위협으로부터 신체나 자산을 지키는 일체의 행위를 말합니다. 위협은 정보통신이 발달하기 이전부터 다양하게 존재했습니다. 돈을 훔치는 도둑질, 사람을 위협하는 강도 등의 공격 행위가 대표적입니다. 또 컬러 복사기를 이용하여 지폐나 유가증권을 위조하는 행위, 10만 원짜리 수표를 1억 원짜리 수표로 바꾸는 것과 같이 원래의 내용을 다른 내용으로 바꾸는 변조 행위도 경제에 대한 위협입니다. 위조/변조/저작권 침해에 대한 방지책으로는 복사 방지 기술이 사용되어 왔습니다.

형광 잉크[2], 홀로그램, 복사 방지용 은선(왼쪽부터)

흔히 볼 수 있는 복사 방지 기술이 적용된 대표적인 사례는 지폐입니다. 지갑에서 지폐 한 장을 꺼내서 보죠. 지폐에는 여러 가지 복사 방지 기술이 적용되어 있습니다. 빛에 비추어야 보이는 그림, 보는 각도에 따라 변하는 그림, 형광 잉크를 입힌 그림, 복사하면 검은색으로 보이게 하는 은선 등이 지폐에 사용된 대표적인 보안 기술입니

---

2 출처: https://www.hani.co.kr/arti/economy/economy_general/667187.html

다. 지폐가 위조되면 국가적으로 큰 파장이 생기기 때문에 국가 차원에서 위조를 방지하기 위한 많은 기술을 사용하여 관리합니다.

신용카드나 출입카드에도 복사 방지 보안 기술이 적용됩니다. 과거에는 카드 내 마그네틱에 정보를 넣어 이를 읽는 방식을 사용했습니다. 그러나 마그네틱 방식은 쉽게 외부에 노출되는 단점이 있습니다. 그래서 암호화된 특수 칩과 RFID 기술을 사용하는 카드가 대중화되었습니다.

암호화된 특수 칩이 내장된 신용카드(왼쪽)와 마그네틱 신용카드(오른쪽)

신용카드의 RFID 기술을 이용한 보안 기술은 오프라인에서만 사용 가능하다는 한계가 있습니다. 현재는 인터넷 쇼핑과 같이 인터넷에서 신용카드를 사용하는 일이 빈번해졌습니다. 카드번호만으로 쇼핑해야 하는 상황이 많아져서 칩을 내장한 신용카드의 사용에 한계가 있습니다. 이에 대한 보안 대책으로 카드 만료일자와 특수 숫자를 사용하게 되었다. 특수 숫자란 신용카드 소유주만 알 수 있는 3~5자리의 숫자로 신용카드 뒷면의 중앙에 있습니다.

온라인을 통해 이루어지는 위협으로부터 자산을 보호하기 위해 만들어진 보안 기술을 **정보보안**Information Security이라고 부릅니다. 정보보안 위협으로는 컴퓨터나 스마트폰과 같은 시스템을 공격하여 파괴하는 경우나 다른 사람의 데이터를 가로채는 경우입니다. 또한 디지털 데이터를 불법 복제하는 경우나 데이터를 위조하거나 다른 사람의 데이터를 도용하여 무단으로 사용하는 경우가 있습니다. 정보보안은 수집하고 가공한 정보를 송수신 및 저장하는 과정에서 발생할 수 있는 훼손, 변조, 유출과 같은 불법적인 행위를 차단하는 방법입니다.

악성 소프트웨어

해킹에서 가장 오래된 것은 악성 소프트웨어입니다. 악성 소프트웨어란 악의적인 행위를 할 목적으로 만들어 유포시킨 소프트웨어를 말합니다. 악성 소프트웨어는 종류도 다양하고 감염 경로도 다양합니다. 과거에는 소프트웨어를 복사하는 과정에서 악성 소프트웨어에 감염되는 경우가 많았습니다. 그러나 최근에는 인터넷으로 전 세계가 연결되면서 웹 사이트 방문, 이메일 첨부 파일 다운로드, 스마트폰의 메시지 클릭만으로도 감염되는 경우가 있습니다.

악성 소프트웨어의 대표적인 경우가 **컴퓨터 바이러스**입니다. 컴퓨터 바이러스는 컴퓨터 속의 자료를 파괴하거나 시스템을 정지시키기 위해 만들어진 소프트웨어입니다. 컴퓨터 바이러스는 자기 자신을 복제하는 능력이 있어서 주변 컴퓨터까지 감염시킬 수 있습니다. 따라서 집이나 직장 내 하나의 컴퓨터만 감염되더라도 전체로 확산됩니다. 컴퓨터 바이러스는 해커가 다른 시스템을 공격할 때 사용하는 좀비 컴퓨터로 만들기도 합니다.

컴퓨터 바이러스에 감염되는 경로는 매우 다양합니다. 대표적인 경우가 네트워크에서 감염된 파일을 다운로드하거나 다른 컴퓨터에서 감염된 파일을 복사해온 경우입니다. 요즘은 파일을 복사하는 경우보다는 네트워크를 통해서 파일을 다운로드하는 경우가 많습니다. 비정상적인 경로를 통해 파일을 다운로드했는데 xx.exe나 yy.com과 같이 모르는 실행 파일이 있을 경우 절대로 실행해서는 안 됩니다. 컴퓨터 바이러스는 몇몇 경우를 제외하고 실행 파일로 감염되는 경우가 대부분이기 때문입니다.

악성 사이트 알림창

또 한 가지 주의할 점은 안전하지 못한 사이트를 방문하는 것입니다. 영화나 음악을 불법으로 다운로드할 수 있는 웹 페이지를 찾는 경우 때로는 위 그림과 같이 경고 메시지를 볼 수 있습니다. 또한 다운로드하기 전에 허용 버튼 누르기를 요구하는 경우가 있는데, 절대 누르면 안 됩니다. [허용] 버튼을 눌러야지만 무료 다운로드가 가능한 것처럼 속이고 있지만, 실제로는 소프트웨어 설치를 위장하고 있습니다.

주의해야 할 악성 소프트웨어로 매크로 바이러스도 있습니다. 매크로 바이러스는 엑셀, 워드 혹은 파워포인트 문서 같은 데이터 파일에 포함되어 배포됩니다. 매크로 바이러스는 문서가 열리는 동시에 악성코드를 실행시킵니다. 실행 파일이 아닌 데이터 파일에 포함되어 유포되기 때문에 사용자가 의심하지 않고 파일을 열어볼 확률이 더 높습니다. 리포트를 쓰기 위해 나도 모르는 사이트에서 다른 사람이 쓴 리포트를 내려받거나, 잘 모르는 사람으로부터 받은 이메일에 첨부 파일을 내려받아 파일을 열 경우 매크로 바이러스에 감염될 수 있습니다. 따라서 의심 가는 파일은 열어보지 않는 것이 좋습니다.

한편 랜섬_{ransom}이란 인질범이 요구하는 몸값을 뜻합니다. 랜섬웨어_{ransomware}는 돈을 지불해야만 컴퓨터의 자료를 볼 수 있게 해 주는 악성 소프트웨어입니다. 랜섬웨어에 감염되면 컴퓨터 내 모든 파일이 암호가 걸려 파일을 열 수 없게 됩니다. 사진이건, 문서건 간에 전혀 열리지 않고 해커로부터 몸값을 요구하는 메시지가 나타납니다. 돈을 지불하지 않으면 데이터를 사용할 수 없게 만듭니다.

초창기 악성 소프트웨어는 해커들이 자기 실력을 자랑하기 위해서 만들었습니다. 악성 소프트웨어로 다른 사람의 시스템을 파괴한다고 해서 해커에게 이득이 되는 것은 없었습니다. 그저 자기만족이었죠. 그러나 랜섬웨어는 악성 소프트웨어로 돈을 벌 수 있기 때문에 점점 많이 퍼지고 있습니다. 요즘은 계좌추적이 불가능한 비트코인과 같이 암호화폐로 몸값을 요구하기 때문에 랜섬웨어가 더욱 기승을 부립니다.

랜섬웨어에 감염되면 개인의 피해도 크지만, 회사의 경우 업무 마비뿐 아니라 중요한 정보가 다 사라지기 때문에 피해 규모가 엄청납니다. 2017년 6월, 한국의 웹 호스팅 업체 인터넷나야나에 있는 서버 153대가 랜섬웨어에 감염되는 사태가 발생했습니다. 인터넷나야나는 다른 회사의 웹 사이트를 관리하는 업체로 인터넷나야나에서 작동 중인 모든 웹 사이트가 작동을 멈추었습니다. 인터넷나야나는 해커에게 13억 원을 지불한 후에야 정상적인 업무를 할 수 있게 되었습니다. 이 외에도 크고 작게 돈을 받고 암호를 해제한 사건들이 있습니다.

낚이면 큰일난다

사기 행각 중 근래 가장 유행하는 것이 피싱phishing입니다. 피싱은 개인Private과 낚시Fishing의 합성어로 개인정보를 낚는다는 의미입니다. 언론에 자주 언급되는 보이스 피싱은 전화와 같은 통신 매체를 이용하여 은행, 검사, 경찰을 사칭하여 돈을 송금하게 하거나, 특정 장소에 돈을 보관하게 하여 착취하는 수법입니다. 또 자녀가 납치된 것으로 가장하여 몸값을 요구하는 경우도 있습니다.

피싱

정보통신을 이용한 피싱은 가짜 이메일 주소나 가짜 웹사이트를 이용하여 돈을 요구하거나 개인정보를 탈취합니다. 사용자를 가짜 웹사이트로 이동시킨 뒤 계좌이체를 시키거나, 아이디, 패스워드, 계좌 비밀번호 등과 같은 개인정보를 입력시켜 해킹에 사용합니다. 요즘은 개인정보보호법이 발달하여 어떤 은행이나 정부기관 사이트도 주민등록번호 13자리 전체를 요구하거나, 패스워드와 같은 개인의 정보를 입력받지 않습니다. 따라서 개인정보 입력을 유도하는 사이트가 있다면 의심해볼 필요가 있습니다.

피싱의 원리

특정 개인의 이메일 주소와 똑같은 주소로 '당신의 컴퓨터가 해킹되어 당신의 은밀한 동영상을 가지고 있으니 돈을 보내지 않으면 이 동영상을 인터넷에 유포하겠다.'와 같은 이메일을 보내는 경우도 있습니다. 자신의 이메일 주소와 같은 이메일을 받으면 해킹을 당한 것처럼 느낄 수 있으나 이메일 주소도 변조가 가능합니다. 따라서 피싱 이메일을 받은 경우 바로 삭제해야 합니다.

스미싱smshing은 문자 메시지 SMS와 phishing이 결합된 피싱 기법입니다. 주로 스마트폰의 문자 메시지를 통해 가짜 사이트로 유도합니다. 사용자가 스마트폰의 문자 메시지에 포함된 주소를 클릭하게 되면 가짜 사이트로 이동하여 개인정보를 입력시키거나, 스마트폰에 해킹용 소프트웨어를 설치하여 개인정보를 탈취합니다.

스미싱의 메시지는 다음과 같이 사용자가 URL을 누르지 않고는 못 배기도록 날로 지능화되고 있습니다. 검증되지 않은 전화번호로부터 메시지를 받는 경우, 해당 메시지에 포함된 URL은 절대로 클릭하면 안 됩니다.

스미싱 메시지의 예

· 당신의 카드가 해외에서 $540불 결제되었습니다. 내용을 확인하려면 아래 주소를 클릭하세요.

· 사건번호 23453번 고소장이 접수되었습니다. 고소장 내용을 아래 주소에서 확인할 수 있습니다.

· 작년에 내신 세금 중 환급금이 있습니다. 환급금 명세는 아래 주소에서 확인할 수 있습니다.

낚시 기법은 아니지만 유명한 해킹 공격으로 디도스가 있습니다. 클라이언트/서버 구조의 가장 큰 단점은 서버 과부하입니다. 서버가 감당할 수 없는 만큼의 서비스 요청이 들어오면 서버는 작동을 멈춥니다. 도스DoS: Denial of Service라 일컫는 서비스 거부 공격은 서버 쪽에 많은 양의 데이터를 보내어 다른 사람이 서버를 이용하지 못하도록 막는 해킹 수법입니다. 도스 공격은 공격하는 컴퓨터가 몇 대 안 되기 때문에 공격용 좀비 컴퓨터만 차단해버리면 피해로부터 벗어날 수 있습니다.

도스 방식에서 진화한 공격 방식이 **디도스**DDoS; Distributed DoS 방식이며 분산형 서비스 거부 공격이라고 부릅니다. 디도스에서 공격자는 일반인의 컴퓨터를 바이러스에 감염시켜 자신이 조정할 수 있는 컴퓨터로 만듭니다. 이렇게 감염된 컴퓨터를 좀비 컴퓨터라고 부릅니다. 수백 대의 좀비 컴퓨터가 준비되면, 해커는 같은 시간에 한 서버를 공격하도록 명령을 내립니다. 도스와 달리 디도스의 경우 여러 곳에서 공격하기 때문에 이를 방어하기가 매우 어렵습니다.

디도스 공격

2016년 10월 디도스 공격으로 아마존, 트위터, 넷플릭스 등 1,200여 개 미국 사이트가 마비되는 사건이 있었습니다. 국내에서도 아프리카 TV와 같은 유명 사이트가 디도스 공격을 받았습니다. 또한 서아프리카의 라이베리아에서 디도스 공격에 국가 전체 인터넷이 마비되기도 했습니다. 2022년 2월 러시아가 우크라이나를 침공하자 국제적인 해커그룹 anonymous는 러시아의 주요 사이트를 디도스 공격하였습니다. 디도스의 공격이 점점 지능화됨에 따라 많은 보안 업체들이 트래픽을 차단하거나 디도스 대피소로 시스템을 옮기는 방법과 같이 디도스 공격을 회피하는 기술들을 선보이고 있습니다.

필요는 발명의 어머니

의사였던 안철수 씨는 지인으로부터 빌려온 플로피 디스크를 사용했습니다. 그런데 이 디스크가 바이러스에 걸렸고, 자신의 컴퓨터에 있던 중요한 데이터가 사라졌습니다. 화가 난 안철수 씨는 컴퓨터 바이러스를 해결하기 위해 백신을 만들었습니다. 이 백신이 우리나라 최초의 백신 프로그램인 V3입니다.

　백신은 악성 소프트웨어로부터 자신의 컴퓨터나 스마트폰을 지키기 위해서 사용하는 프로그램입니다. 컴퓨터 내부에 바이러스가 감염된 파일이 없는지를 찾아보고 감염된 파일이 있으면 치료하거나 삭제하는 역할을 담당합니다. 요즘의 백신은 다운로드하는 파일을 검사하고, 방문하는 사이트의 위험성을 파악하여 위험한 사이트의 방문을 막는 역할도 합니다. 따라서 컴퓨터에 꼭 설치해야 하는 소프트웨어입니다.

　개인 사용자의 경우, 우리나라 최초의 백신인 V3를 비롯하여 무료로 배포하는 프로그램들이 많이 있습니다. 자신이 사용하는 백신의 성능을 확인하고 싶다면, av-test[3]와 같은 백신 성능 테스트 사이트를 방문하면 됩니다. 다음과 같이 각종 백신의 성능 테스트 결과를 확인할 수 있습니다.

3　https://www.av-test.org

av-test 홈페이지에 게시된 백신 성능 평가

방화벽firewall은 미리 정의된 보안 규칙을 사용하여 네트워크에서 전송되는 데이터를 점검하고 제어하는 네트워크 보안 시스템입니다. 방화벽이라는 용어는 원래 건물 내 화재가 번지는 것을 막기 위해 설치된 방벽을 의미합니다.

방화벽

방화벽의 역할은 신뢰 수준이 낮은 네트워크(보통의 경우 인터넷)로부터 오는 해로운 트래픽이 신뢰 수준이 높은 네트워크(내부망)로 들어오지 못하게 막는 것입니다. 또한 시스템 내부에 있는 정보가 불법적으로 외부로 나가지 못하게 막는 기술도 포함하고 있습니다.

윈도우에도 자체적으로 방화벽이 설치되어 있습니다. 다음 그림과 같은 설정 화면에서 자신만의 규칙을 만들어 시스템을 보호할 수 있습니다.

((ŋ)) 방화벽 및 네트워크 보호

네트워크에 액세스 할 수 있는 사용자 및 대상을 설정합니다.

🖥 도메인 네트워크

방화벽이 켜져 있습니다.

💁 개인 네트워크

방화벽이 켜져 있습니다.

🖵 공용 네트워크 (활성)

방화벽이 켜져 있습니다.

윈도우 기본 방화벽

백신이나 방화벽 이외의 보안 기술들을 살펴보죠. 인증은 대표적인 보안 기술로 자기 자신을 증명하는 기술입니다. 인증기술의 대표적인 경우가 패스워드이며 본인임을 입증하는 가장 기본적인 방법입니다. 사이트가 해킹되어 개인정보가 노출되거나 바이러스 등에 의해 개인의 정보가 노출되는 경우, 패스워드도 같이 노출됩니다. 따라서 패스워드는 대문자, 소문자, 숫자, 특수기호들을 조합하여 어렵게 만들어야 합니다. 요즘은 대문자, 소문자, 숫자, 특수기호 중 3가지 이상을 조합해야지만 패스워드를 사용할 수 있게 하는 사이트들이 늘어나는 추세입니다. 또한 패스워드는 해킹에 대비하여 6개월에 한 번씩은 바꿔주는 것이 좋습니다.

현재 사용하는 패스워드가 노출된 패스워드인지를 확인할 수 있습니다. 구글 크롬의 [설정] − [개인 정보 보호 및 보안] 페이지에서 유출된 비밀번호를 확인할 수 있습니다.

크롬 브라우저의 유출된 비밀번호 찾기 기능

개인이 아무리 노력한다고 해도 시스템의 정보가 노출된 경우 패스워드도 같이 노출될 가능성이 있습니다. 이러한 문제를 해결하는 방법으로 일정 시간만 쓰고 버리는 패스워드가 도입되었습니다. 이를 OTP One-Time Password 라고 부릅니다. 은행 거래 시 OTP를 가장 흔하게 볼 수 있습니다.

카드형 OTP(왼쪽)와 구글 OTP(오른쪽)

　은행 거래를 할 때는 돈이 오가기 때문에 다른 어떤 사이트보다 인증이 중요합니다. 과거에는 무작위로 만들어진 패스워드를 여러 개 출력하여 개인에게 카드 형태로 나눠주었습니다. 그런데 보이스 피싱에 속아 카드에 있는 내용을 모두 알려주는 사고가 빈번히 일어나자 OTP 방식이 도입되었습니다. OTP는 시간에 따라 서로 다른 암호를 생성합니다. 스마트폰에서 작동하는 OTP도 선보이고 있는데, 구글 OTP가 유명합니다.

지문 인식(왼쪽)과 안면 인식(오른쪽)

　패스워드를 기반으로 하는 인증은 바이오 인증 형태로 바뀌고 있습니다. 바이오 인증이란 지문 인식, 얼굴 인식, 홍채 인식과 같이 사람의 신체를 이용하여 인증하는 방식입니다. 바이오 인증 방식은 OTP와 같이 특수한 장치를 따로 휴대할 필요가 없고, 복사가 어려워 미래 기술로 주목받고 있습니다. 앞서 블록체인이 핀테크의 중요한 기술로 사용되고 있다고 설명하였습니다. 바이오 인증 분야 또한 핀테크의 핵심 기술로 주목받고 있습니다.

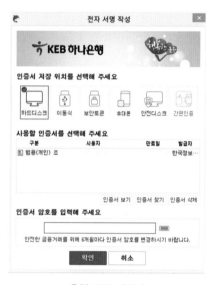

은행 공동 인증서

은행 거래 시 OTP와 함께 공동인증서를 사용해 봤을 겁니다. 공동인증서란 한국에서 금전거래를 할 때 공인된 기관에서 인증한 전자서명을 가리킵니다. 과거에는 공인인증서라 불린 공동인증서는 인터넷 뱅킹이나 인터넷 쇼핑몰에서의 실시간 결제에 주로 사용됩니다. 공동인증서는 사설기관으로부터 암호화된 인증을 받아 개인의 저장소에 저장되는 형태입니다. 이를 위해 관련 소프트웨어를 설치해야 하고, 인증서를 개인이 관리해야 하는 문제가 있었습니다. 이러한 문제를 해결한 것이 브라우저 인증서입니다. 사용자의 컴퓨터가 아닌 브라우저에 인증서를 탑재시켜 사용하는 방법이 대중화되고 있습니다.

HTTP에 S가 붙는 HTTPS

디지털 데이터의 유출을 방지하기 위해 암호화를 사용합니다. 디지털 데이터를 어떻게 암호화하고 원래대로 만드는지 알아보죠. 암호화 encryption란 원래의 데이터를 풀기 어려운 패턴으로 변형해서 허가 받은 사용자 외에는 볼 수 없게 만드는 기술입니다. 암호화에는 평문plaintext(원문)과 암호문ciphertext을 만들기 위한 키key가 필요합니다. 평문에 키를 적용시키면 암호문이 됩니다. 암호문을 푸는 키를 적용시키면 평문으로 돌아오는데 이를 복호화decryption라고 부릅니다.

'LOVE'라는 단어를 암호화한다고 가정해 보죠. 알파벳 순서에 대해 각 문자에 +5를 하여 암호를 만들면 'QTAJ'가 됩니다. 이때 +5는 암호화를 위한 키가 되며, 평문에 +5 연산하면 암호화가 됩니다. 복호화를 위해서는 복호화 키를 사용하면 됩니다. 예에서는 암호화된 문장에서 −5를 연산하면 평문인 'LOVE'가 됩니다. 예에서 사용한 방식은 암호화에 +5, 복호화에 −5와 같이 암호화 알고리즘만 안다면 쉽게 암호문을 해독할 수 있다는 단점이 있습니다.

암호화와 복호화

암호화 기술은 크게 대칭 키 암호화와 비대칭 키 암호화로 나눕니다. 대칭 키 암호화는 하나의 키로 암호화 혹은 복호화 하는 방식입니다. 대칭 키 암호화는 단일 키 암호화 혹은 비밀 키 암호화라고도 부릅니다.[4]

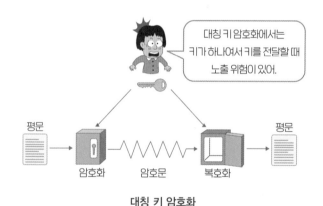

대칭 키 암호화

---

[4] 암호화하고 해독하는 데 하나의 키만 사용하는 대표적인 알고리즘으로 DES(Data Encryption Standard)가 있다. DES는 1977년에 미국에서 국가 표준으로 지정한 방식으로 56비트의 키를 사용한다. DES는 2000년도에 더 강력한 단일 키 암호화 방식인 AES(Advanced Encryption Standard)로 대체되었다. AES 방식은 키로 128비트를 사용하며 전 세계에서 널리 사용되는 방식이다.

대칭 키(단일 키) 암호화 방식의 가장 큰 단점은 암호화로 만들어진 결과물(암호문)과 함께 키도 같이 전달해야 한다는 것입니다. 암호를 해독하기 위해서는 당연히 키를 상대방에게 전달해야 하는데, 이 과정에서 키가 다른 사람에게 노출될 경우 암호문이 깨질 수 있습니다. 또한 키를 소유한 사람이 나쁜 마음을 먹는다면 해당 키로 다른 암호문을 해독하는 데 사용할 수도 있습니다. 이러한 문제를 해결한 방법이 비대칭 키 암호화 기술입니다.

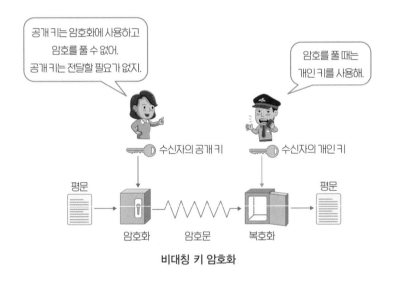

비대칭 키 암호화

비대칭 키 암호화에서는 공개 키public key와 개인 키private key의 2개의 쌍으로 키가 구성됩니다. 그래서 비대칭 키 방식을 공개 키 암호화라고 부릅니다. 공개 키는 암호문을 만들려는 사람에게 공개해 주는 키입니다. 공개 키는 암호를 만들 때는 사용할 수 있지만, 암호를 해독할 수는 없습니다. 암호를 해독하는 키는 개인키로만 가능합니다. 공개 키 암호화는 암호를 만드는 키와 암호를 푸는 키가 서로 다르기 때문에 비대칭 방식이라고 부릅니다. [5]

앞서 대칭 키(단일 키) 방식은 키를 나눠주는 데 문제가 있었습니다. 그러나 공개 키 방식의 경우 공개 키가 노출당하거나 탈취당해도 암호를 해독하지 못하기 때문에 보안에 취약하다는 대칭 키의 문제점을 해결할 수 있습니다. 이러한 특징으로 공개 키(비대칭 키) 암호화 알고리즘은 다양한 곳에서 사용됩니다.

웹에서 사용하는 프로토콜인 HTTP는 데이터가 암호화되지 않기 때문에 해커들이 모든 데이터를 확인할 수 있습니다. 웹 문서뿐 아니라 웹 사이트에 입력하는 아이디, 패스워드, 계좌 정보와 같은 개인 정보들이 해커들에게 노출될 수 있습니다. HTTPS HTTP with Secure는 HTTP를 보안 프로토콜 위에 구축하여 안전한 웹 사용을 가능하게 만들어줍니다.

HTTPS의 구조

---

5   대표적인 비대칭 암호화 알고리즘으로 RSA 방식이 있다. RSA는 전자서명 등에 광범위하게 활용되고 있다.

보안의 문제로 인하여 HTTP는 HTTPS로 바뀌는 추세입니다. HTTP를 사용하는 웹 사이트를 방문하는 경우, 다음 그림과 같이 '주의 요함'의 경고 메시지를 보내어 아이디나 패스워드를 입력할 때 해커에 의해 탈취될 수 있음을 알려줍니다.

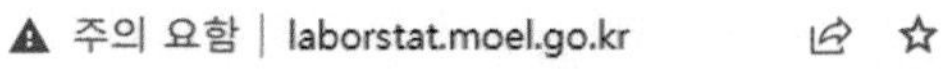

⚠ 주의 요함 | laborstat.moel.go.kr   ⤴ ☆

HTTP 사이트 주의 경고